AF613883

UNIVERSITÉ DE FRANCE. — ACADÉMIE DE STRASBOURG.

DES DROITS DE L'ENFANT NATUREL SUR LES SUCCESSIONS DE SES PÈRE ET MÈRE.

DISSERTATION

PRÉSENTÉE

A LA FACULTÉ DE DROIT DE STRASBOURG

POUR OBTENIR LE GRADE DE DOCTEUR EN DROIT

ET SOUTENUE PUBLIQUEMENT

LE MARDI 28 AVRIL 1868, A MIDI,

PAR

GEORGES DE LATOUCHE,

AVOCAT.

Il a fallu flétrir le concubinage; il a donc fallu flétrir les enfants qui en étaient nés.

MONTESQUIEU, *Esprit des lois*, liv. XXIII, chap. VI.

STRASBOURG,
TYPOGRAPHIE D'ÉDOUARD HUDER, RUE BRULÉE, 12.
1868.

A LA MÉMOIRE

DE

MA MÈRE.

A MON PÈRE.

A MON ONCLE

LE COLONEL DE MORLET.

G. DE LATOUCHE.

FACULTÉ DE DROIT DE STRASBOURG.

PROFESSEURS :

MM. Aubry O ✻, doyen.. Code Napoléon.
Heimburger .... Droit romain.
Rau ✻ .... Code Napoléon.
Lamache ✻........ Droit administratif.
Destrais .... Procédure civile et Droit criminel.
Mugnier........... Code Napoléon.
Lederlin.......... Droit romain.
N .... Droit commercial.

Lecourtois .... } agrégés.
N .... }

M. Bécourt, officier de l'Université, secrétaire, agent comptable.

EXAMINATEURS :

MM. Lamache ✻, président.
Destrais,
Mugnier,
Lederlin.
Lecourtois.

La Faculté n'entend ni approuver ni désapprouver les opinions particulières du candidat.

DES DROITS DE L'ENFANT NATUREL
SUR LES SUCCESSIONS DE SES PÈRE ET MÈRE.

PRÉFACE.

Cette bienveillance, cette tendresse résultant de la parenté naturelle, cette douce, mais active sympathie, et quelquefois aussi cette sourde inimitié qui ont leurs sources dans les liens du sang, dans ces liens que personne ne peut méconnaître, dans cette cognation qui agit en nous et malgré nous, soit dans un sens, soit dans un autre, suivant que nous sommes honnêtes et bons, ou cupides et orgueilleux, ne sont pas des créations de notre cerveau, des conceptions imaginées pour le besoin de la cause, mais d'incontestables réalités dont la loi elle-même s'est préoccupée, dont elle a cherché à modérer les effets, à atténuer les conséquences. Tantôt, en effet, ne voyons-nous pas le législateur prémunir l'enfant naturel contre cette injuste, criante et cruelle aberration qui pousse un père fier et vindicatif, une mère volage et dénaturée à refuser à l'enfant ce qu'il a le droit d'attendre de ceux qui lui ont donné le jour? C'est dans ce but qu'il lui assure des aliments, pendant la vie de ses père et mère, et qu'à leur mort il l'appelle à venir recueillir une certaine quotité de leur succession. Tantôt ne le voyons-nous pas protéger la famille légitime contre cette trop grande sympathie qui se glisse dans le cœur de toute âme généreuse et tendre en faveur d'un malheureux enfant, innocente victime d'une première faute? Il a ses raisons de craindre que le père qui a élevé cet enfant, que la mère qui s'est tout entière consacrée à lui, ne songent à dépouiller leur famille légitime à son profit, pour le dédommager, autant que possible, des torts dont ils se sont rendus coupables envers lui, en lui donnant naissance dans des circonstances si fâcheuses. Ne chercheront-ils pas, ces parents trop inquiets, par leur tendresse et leurs libéralités, à réagir contre l'opinion publique qui ne voit toujours en lui qu'un bâtard? Ne s'efforceront-ils pas, dans leur anxiété, d'améliorer, même aux dépens de leurs héritiers légitimes la position qui lui est faite. C'est pourquoi la loi a pris ses mesures, et a tâché d'empêcher que la famille légitime, ne soit complétement frustrée par des sentiments d'équité et d'affection exagérées.

Deux idées dominent cette partie de la législation: protéger la famille contre les mauvaises mœurs; assurer aux enfants, victimes d'une naissance coupable, des moyens d'existence. Ces deux idées, qui semblent se contredire, ont été, après la longue expérience des temps, fixées et conciliées. La tâche était laborieuse. Lorsqu'il s'agit de déterminer le sort des enfants naturels, rien n'est plus difficile que de conserver un juste équilibre entre les droits qu'ils tiennent de leur naissance, et les mesures qu'exige la nécessité de maintenir l'organisation des familles. On peut ou trop exiger pour l'ordre social ou trop le négliger : tel était l'écueil contre lequel risquait de se briser toute tentative de paix entre l'enfant né hors mariage et la famille légitime.

Ces difficultés étaient grandes; M. DUVEYRIER nous l'apprend en ces termes : «La Société ne peut rien souffrir qui blesse son institution fondamentale, le mariage.

«Le sentiment naturel qui enchaîne et confond ensemble le père, la mère et les enfants, est au-dessus du mariage et de toute institution sociale.

«La politique étend sa rigueur calculée sur tout ce qui est contraire à ses maximes, et étranger à ses lois. L'humanité embrasse toute la nature, et protége tout ce qui respire.

«La raison est froide et clairvoyante. Le sentiment est aveugle et impétueux; et si l'un tyrannise avec violence, l'autre résiste avec impassibilité.

«Il s'agissait donc de combiner des règles dont la balance ingénieuse pût concilier et satisfaire ensemble la nature et la Société, le sentiment et la raison, l'humanité et la politique.

«Il fallait, en un mot, donner à la Société ce qu'elle exige, sans blesser la nature, et à la nature ce qu'elle demande, sans révolter la Société.»

Parmi les questions que comporte la matière des enfants naturels, un grave sujet d'études est celui *des droits de l'enfant naturel dans la succession de ses père et mère.* Étant donné l'enfant naturel, quel sera sa part dans les biens de ceux qui l'ont mis au monde, et en quelle qualité pourra-t-il réclamer cette part? La solution de ce problème absorbera toute notre attention. Nous écarterons de notre cadre la succession passive des enfants naturels; et, dans la succession active, nous laisserons également hors du sujet l'examen des droits de cet enfant sur les biens de ses frères et sœurs naturels.

La question qui nous occupe a de profondes racines dans l'histoire. Il nous a paru qu'il serait à la fois intéressant d'en rechercher les origines, et de montrer la condition diverse que les différentes nations ont faite à l'enfant naturel, depuis l'antiquité jusqu'à nos jours. Nous allons donc examiner successivement le sort de cet enfant chez les Hébreux, les Égyptiens, les Hindous et les Grecs; nous nous arrêterons spécialement à l'examen des principes du droit romain sur cette matière; nous donnerons notre attention à la doctrine canonique qui a inspiré tout l'ancien droit français; enfin nous expliquerons en détail les textes de la législation actuelle. Cette comparaison des temps présents et des temps passés démontrera que le législateur français a embrassé dans sa vaste sollicitude tous les grands intérêts qu'il avait à régler, et qu'il a merveilleusement concilié ce qu'il devait à nos besoins, à notre situation, à la justice, aux mœurs et à l'ordre social.

PREMIÈRE PARTIE.

DES DROITS DE SUCCESSION DES ENFANTS NATURELS DEPUIS LES TEMPS LES PLUS ANCIENS JUSQU'AU DROIT ROMAIN.

SECTION PREMIÈRE.

DE L'ENFANT NATUREL CHEZ LES HÉBREUX.

Sous la tente des patriarches la naissance d'un enfant était toujours saluée comme un événement heureux. (d'EXPILLY. 17 plaidoyer, n° 20.) Que cet enfant fût né d'une femme légitime, ou bien qu'il eût pour mère une concubine, ou encore une servante, il recevait les mêmes soins et le même accueil. L'enfant naturel était élevé avec l'enfant légitime: le fils d'Agar l'Égyptienne partageait les jeux d'Isaac qu'avait enfanté Sara; et tous devaient avoir des droits égaux à la succession de leur père, (*Genèse*, ch. 21, v. 9 et 10): il est vrai qu'Abraham en décida autrement.

La raison de cette confusion entre tous les enfants est fort simple. Dans ces temps primitifs, le chef de famille voyait, avant tout, dans son fils un nouveau serviteur, une nouvelle richesse, une nouvelle chose. Il en était ainsi chez tous les peuples où la polygamie était reconnue: aussi la trouvons-nous établie chez les Hébreux. Ce fut, dit-on, Lamech, fils de Mathusaël, qui le premier la pratiqua. Il eut deux femmes nommées Ada et Sella. Toutes deux avaient le même rang, toutes deux étaient des *nashim*, des épouses. Plus tard, Abraham, du vivant de Sara, et sans avoir répudié celle-ci, prend une seconde femme, mais cette seconde femme n'a plus le rang d'épouse: les Écritures mettent un grand soin à le faire remarquer. Agar fut toujours soumise à Sara, dont elle resta la servante. C'est là l'origine du concubinat chez les Hébreux.

Jacob, à son tour, eut deux femmes et deux concubines, qui, elles aussi, étaient les servantes de ces deux femmes. A partir de cette époque le concubinat devint commun parmi le peuple de Dieu. Les enfants d'Israël préféraient avoir des concubines plutôt que des femmes légitimes. Toutefois, ainsi que le remarque THOMASIUS (tome 3, *Dissertatio de concubinatu*. n° 5), «les lois «de Moïse tolèrent le concubinat et la polygamie et ne «les encouragent pas. Les extirper eut été trop difficile: «ils avaient pris de trop profondes racines dans les «mœurs; aussi le législateur dut-il se borner à res«treindre la facilité du divorce, et à interdire au grand «prêtre d'avoir plusieurs femmes. Il blâma la fréquen«tation des courtisanes, réprouva hautement les rela«tions passagères d'un homme avec une femme honnête «ou avec une vierge, mais ne frappa ces actes d'aucune «peine.» En revanche, l'adultère fut poursuivi et puni avec rigueur. (*Lévitique*, ch. 19 et 20.)

Si la concubine était traitée avec une certaine faveur, il n'en était pas de même de l'étrangère. Nous trouvons dans le *Deutéronome* (chap. 23. v. 2.) cette sentence sévère: «Celui qui est bâtard» (c'est à dire fils d'une prostituée ou d'une étrangère, tel est en effet le sens de ce terme chez les Hébreux) «n'entrera point dans l'assemblée du «Seigneur et sera privé du droit de cité jusqu'à la

«deuxième génération.» Le SAGE ajoute: «*ex iniquis som-*
«*nis filii qui nascuntur testes sunt nequitiæ adversus parentes.*»
«Vous aurez pour serviteurs, dit le LÉVITIQUE (*Règles de*
«*Droit*, n° 384), les étrangers qui sont venus parmi
«vous ou qui sont nés sur votre terre.» Pour nous convaincre de la vérité de cette mesure rigoureuse, nous
n'avons qu'à nous reporter à l'histoire si touchante de
la jeunesse de Jephté.

Juge. ch. 11, v. 1. «En ce temps là il y avait un homme
«de Galaad, nommé Jephté, fils d'une étrangère, et qui
«eut pour père Galaad.»

V. 2. «Galaad, son père, avait une femme dont il
«eut des enfants, qui, étant devenus grands, chassèrent
«Jephté de la maison, en lui disant: Tu n'auras de part
«ni à la maison ni à l'héritage de notre père, parce
«que tu es né d'une étrangère.» Plus tard, malgré la tache que lui imprimait sa naissance, Jephté fut choisi pour commander les Israélites dans une guerre contre les Ammonites. Mais ce fait eut lieu dans des circonstances anormales; Jephté nous l'apprend lui-même dans sa réponse aux anciens de Galaad: «Vous m'avez chassé «de la maison de mon père, et maintenant vous venez «à moi, parce que la nécessité vous y contraint.» (*Juge*, ch. 11, v. 17.)

Pour ces enfants nés de l'étrangère ou de la courtisane, point de droit de succession, point de mariage avec les autres Israélites: ils étaient impurs aux yeux de la loi.

Que si, à côté de l'étrangère, nous plaçons la concubine, quelle différence ne trouverons-nous pas dans la position toute privilégiée de cette dernière? elle n'était pas mise sur la même ligne que l'épouse, mais elle était cependant, d'après le témoignage de LAUTERBACH (tome 2, *des Pandectes*, lib. 25, tit. 7. *Dig. de concub.*), regardée comme une compagne légitime. Il est vrai qu'elle n'occupait que le second rang, et qu'elle ne participait pas aux dignités du mari. De plus, pouvaient être prises comme concubines, soit des femmes israélites, soit des esclaves, soit même des captives; mais en général la concubine était de naissance obscure, ce qui explique l'infériorité dans laquelle elle se trouvait vis-à-vis de l'épouse. (THOMASIUS. *Diss. de concub.* n° 4.)

Quant aux enfants issus des concubines, on n'établissait pas la moindre différence entre eux et ceux nés des femmes légitimes. Tous étaient également appelés *ab intestat* à la succession paternelle. Cependant la volonté du père pouvait changer cet ordre. Ainsi, au temps des patriarches, Abraham, cédant, mais à regret, nous dit la *Genèse*, aux obsessions de l'impitoyable Sara, chasse Agar et son fils Ismaël; et Isaac reste le seul héritier de son père. (*Genèse*, ch. 21, v. 9, 10 et 14.)

Jacob, petit fils d'Abraham, agit tout autrement que son aïeul; il voulut que les enfants nés de ses concubines Zelpha et Bala eussent les mêmes droits que les enfants de Lia et de Rachel, ses femmes légitimes. Aux termes de la loi de Moïse, les enfants issus des concubines succédaient à leurs parents, tout aussi bien que les enfants légitimes, à moins que le père n'en eût autrement décidé. (THOMASIUS. *Diss. de concub.*) Il arrivait même, ainsi que MM. WETZER et WELTE le font remarquer dans leur Encyclopédie catholique, que les femmes légitimes reconnaissaient comme les leurs les enfants issus des concubines de leurs maris. Rachel nous fournit un exemple de cette adoption. « J'ai Bala, «dit-elle à Jacob, allez à elle, afin que je reçoive entre «mes bras ce qu'elle enfantera, et que j'aye des enfants «d'elle. (*Genèse*, ch. 30, v. 3.)»

Seuls, dans les temps les plus anciens, les enfants des prostituées n'étaient point appelés à la succession de leur père. Cette prohibition tomba néanmoins ; et nous pouvons dire, que, d'après le droit postérieur contenu dans le *Talmud*, tous les enfants quels qu'ils fussent, même ceux d'une prostituée, d'une réprouvée, venaient à la succession de leur père. L'unique exception qu'il y ait eue à cette règle atteint les enfants nés de femmes esclaves ou étrangères.

SECTION DEUXIÈME.

DE L'ENFANT NATUREL CHEZ LES ÉGYPTIENS.

L'Égypte est le pays où les enfants naturels furent traités avec la plus grande bienveillance. Le bâtard y était en quelque sorte mis sur la même ligne que l'enfant légitime. A cet égard tous les auteurs sont d'accord : cet État se livrait à la polygamie la plus relâchée ; la caste seule des prêtres s'en abstenait.

Diodore de Sicile enseigne qu'en Égypte on ne faisait aucune distinction entre les enfants légitimes et les enfants nés hors mariage; les uns comme les autres avaient des droits égaux à la succession de leurs parents.

Quant aux unions irrégulières, elles n'étaient point l'objet de la même réprobation que partout ailleurs. Toutefois ne nous avançons pas trop en cette matière qui renferme une certaine obscurité, et gardons-nous d'affirmer, ainsi que le fait CONNAN (*Comment. juris civilis libri X*), que telle était la licence des mœurs en Égypte que la courtisane avait une action en justice pour le paiement du prix qu'elle avait mis à ses faveurs. Cet auteur s'appuie sur un passage de Plutarque, qui, dans la vie d'Antipater, nous montre une Égyptienne traduisant, devant le tribunal de Bocchoris, l'amant qui lui avait manqué de parole. La sentence de Bocchoris met à néant les prétentions de Théognides, la femme galante, et repousse en conséquence l'opinion du commentateur de Plutarque : *decrevit tantam hunc pecuniæ summam, quantam illa poposcerat, ostentare exhibereque ei visendam et contractandam; visu enim optatorum nummorum visum desideratæ libidinis compensari.*

SECTION TROISIÈME.

DE L'ENFANT NATUREL DANS L'INDE.

Quels documents précieux que ceux que l'Inde nous a laissés sur sa législation primitive. Quelle richesse de langage dans le recueil des lois de Manou, quelle poésie et quelle vérité ! Le peuple oriental y est dépeint avec tous ses préjugés, mais aussi avec sa civilisation si précoce et avec sa haute connaissance de la nature et de l'humanité.

Le peuple indien était composé de quatre castes : les trois premières étaient dites régénérées : c'était la caste des Brâhmanes ou caste sacerdotale ; c'était la caste des

Kchatriyas ou caste militaire; c'était enfin la caste des Vaisyas où venaient se confondre les commerçants et les laboureurs. La quatrième caste, pauvre et méprisée, était la caste servile ou des Soûdrâs.

Parcourons rapidement l'ensemble des *slokas* ou distiques du Mânava-Dharma-Sâstrâ; nous y trouverons des dispositions très-précises sur les enfants nés hors mariage.

Le sl. 42, Liv. III, porte ce qui suit : «Des mariages «irréprochables naît une postérité irréprochable, des «mariages répréhensibles naît une postérité méprisa-«ble ; on doit donc éviter les mariages dignes de mé-«pris.»

Les Dwidjas (les Indiens) doivent prendre une femme dans leur caste : le Brâhmane doit choisir une femme Brâhmanî, le Kchatriya une femme Kchatriyà, le Vaisya une Vaisyà ; le Soûdrâ, enfin, ne doit épouser qu'une femme de la classe servile (Sl. 12 et 13, Liv. III).

Selon Atri et Gotâma, fils d'Outathya, le Brâhmane, qui s'abaisse jusqu'à épouser une Soûdrâ, est dégradé sur le champ ; selon Sônaka, mouni d'une grande célébrité et descendant du roi de Kasi, le Kchatriya qui épouse une Soûdrâ, subit le même deshonneur non immédiatement par le fait du mariage, mais du jour de la naissance de son fils; est passible de la même peine, d'après Brigou, l'un des dix Pradjâpatis, le Vaisya qui s'unit à une esclave, mais dans le cas seul ou son fils viendrait à avoir un enfant mâle.

Le Sl. 178, Liv. IX, voue à la réprobation les enfants nés de pareils rapports. «L'enfant que le Brâhmane «engendre par luxure en s'unissant avec une femme «de la classe servile, quoique jouissant de la vie (*pârayan*) «est comme un cadavre (*sava*); aussi est-il appelé cada«vre vivant (*parasava*).»

Le Livre III du *Manava-Dharma-Sastra* nous apprend que les Dwidjas avaient la faculté de prendre des concubines dans les castes inférieures. Les enfants de ces concubines font partie de la famille du père, et ont sur ses biens des droits forts importants. Quels sont ces droits? c'est ce que nous allons examiner.

Le Sl. 163, Liv. IX, énonce la règle que voici: «Le «fils légitime est le seul maître du bien paternel: mais, «pour prévenir le mal, qu'il assure aux autres fils des «moyens d'existence.»

Le Sl. 165 ajoute: «Le fils légitime et le fils *de l'épouse* «peuvent hériter immédiatement du bien paternel, «mais les autres n'héritent que des devoirs de la famille «et d'une part dans la succession.»

Le fils légitime, c'est l'enfant de la femme uni au mari par l'un des huit modes de mariage consacrés ou reconnus par la loi. Est assimilé au fils légitime, le fils *de l'épouse*. Le fils *de l'épouse* (*Kchétradja*) est l'enfant engendré, suivant les règles prescrites, par la femme d'un homme mort, impuissant, ou malade, laquelle a été autorisée à cohabiter avec un parent (*sapinda*) (Sl. 59, Liv. IX). Cet enfant hérite sous tous les rapports comme un fils engendré par le mari, car, dit la loi, «la semence «et le produit appartiennent de droit au propriétaire «du sol.» (Sl. 45, Liv. IX).

Manou, en permettant cette intervention de l'étranger dans les rapports les plus intimes du mariage, en encourageant cette confusion, cette régénération du sang, s'est inspiré du Code de Vrihaspati; mais il exige, pour que le Kchétradja devienne le fils du mari, que celui-ci n'ait eu, au moment de la conception, aucun enfant légitime.

Si par hasard la femme avait de son mari un enfant légitime, ou bien encore si elle n'a pas été autorisée à cohabiter avec un sapinda, et quelle vint à avoir commerce avec ce parent, l'enfant né de ces relations n'aurait aucun droit à l'héritage. (Sl. 143 et 144, Liv. IX).

Le Kchétradja est, comme l'enfant légitime, héritier direct et immédiat; cependant s'il est issu, après le décès du mari, de la veuve sans enfant et du sapinda dûment autorisés, il ne recueillera les biens du père de famille qu'au moment de la majorité (Sl. 190, Liv. IX).

Après avoir déterminé les droits de cet enfant, produit d'un adultère hautement approuvé par la loi, MANOU réglemente la position des enfants naturels des castes régénérées. A ceux-ci, il accorde, en principe, dans la succession de leurs parents, la moitié des droits qu'il reconnaît aux enfants légitimes (M. E. BURNOUF, *Essai sur le Véda*, page 211).

«Les enfants naturels des Brâhmanes, des Kchatriyas «et des Vaisyas n'héritent que des devoirs de famille et «d'une part de la succession (Sl. 165, Liv. IX).» Ils ne sont pas, comme l'enfant légitime, successeurs universels; ils n'ont qu'une part déterminée dans l'héritage, et encore, pour appréhender cette part, leur faut-il, en quelque sorte, un envoi en possession.

Toutefois cette restriction n'atteint que les enfants naturels des classes supérieures. Dans la caste servile, tous les enfants, quels qu'ils soient, héritent de leurs parents (Sl. 179, Liv. IX).

N'oublions pas, que, dans une hypothèse toute spéciale, les enfants de la concubine succédaient à l'universalité des biens du père; c'était, quand le père mourait sans laisser ni enfant, petit-enfant, ou arrière-petit-enfant légitime. MANOU donne ainsi le motif de cette disposition. «Dans ce cas, ils représentent le fils légi«time pour prévenir la cessation de la cérémonie fu«nèbre. (Sl. 180, Liv. IX.)» C'est en effet, dans les croyances religieuses des Hindous, qu'il faut rechercher l'explication de cet usage. Ils considéraient, comme n'étant plus propres à leur assurer les félicités de la vie future, les sacrifices offerts à la divinité par le fils de l'arrière-petit-fils. Pourquoi alors auraient-ils fait passer la fortune du défunt à des personnes dont les offrandes devenaient stériles? Mieux valait en investir le fils de la concubine dont les prières peuvent encore être utiles.

Il n'en était pas de même des enfants adultérins, du Kounda et du Golaka, qui ne pouvaient avoir aucun droit à l'héritage de leurs parents; car «ces deux êtres, «fruits d'un commerce criminel, anéantissent dans «cette vie et dans l'autre les offrandes adressées aux Dieux et aux Mânes. (Sl. 175, Liv. III.)

Si des enfants des concubines nous passons aux enfants issus du mariage contracté par les Dwidjas, au mépris des prohibitions de la loi, avec une femme d'une condition inférieure, nous verrons que ces enfants nés d'une union illicite sont véritablement malheureux: le législateur a réservé pour eux toute sa sévérité. Sont déclarés vils, en conséquence inhabiles à succéder à leurs parents les enfants provenant du mariage des Dwidjas avec des femmes des classes inférieures: tels sont le Moûrdhâbhichikta, l'Ambachtha, le Nichâda, l'Avrita, l'Abhîra, le Dhigvâna, fils du Brâhmane qui s'est mésaillé; le Mâhichya, l'Ougrâ fils du Kchatriya qui a épousé une Vaisyâ, ou une Soûdrâ. Sont également déclarés *apasadas*, c'est à dire vils et non-successibles, les enfants dont la mère a épousé un homme d'une caste moins élevée: le Soûta, le Mâgadha, le Vaidéha, l'Ayogava, le Kchattri, le Tchandâla, le Poukkasas, le Koukkoutaka, le Swapâka, le Véna (sl. 6 à 20, Liv. X). Cependant, d'après certains auteurs, et de l'avis de Koulloûka Bhatta (*commentaires de la loi Manou*), ces êtres si deshérités pouvaient, à l'exception du Tchandâla, qui est qualifié «*le dernier des hommes*», recevoir entre vifs un dixième des biens de leurs parents.

Même opprobre, même honte atteignait les enfants que les Dwidjas engendraient avec des femmes de leur caste, sans accomplir les cérémonies usitées. Ils sont privés du sacrement conféré par la *Sâvitrî* et ils sont déclarés maudits et excommuniés (*vrâtyas*). Telle est la condition du Bhoûrdjakantaka, de l'Avantya, du Vâtadhâna, du Pouchpadhâ et du Saikha fils du Brâhmane; du Djhalla, du Malla, du Nitchhîvi, du Nata, du Karana, du Khasa et du Dravira, fils du Kchatriya; du Soudhanwâ, du Tcharyâ, du Kâroucha, du Vidjanmâ, du Maitra, et du Sâtwata, descendants du Vaisya. (sl. 21, 22, 23, Liv. X.) «Tous ces êtres dégradés ne sont pas «admis à hériter. (sl. 201, L. IX).»

Viennent enfin, au dernier degré de misère et d'infortune, les Tchandâlas et les Swapâkas qui forment une race flétrie, *abominable, impie, horrible au peuple entier*. Ils demeurent hors du village; (sl. 51, Liv. X.); ils ne peuvent recevoir pour tout bien que des chiens et des ânes, et ne doivent porter que les vêtements des morts (sl. 52, Liv. X.) MANOU fait si peu de cas de ces personnes inférieures et abjectes, qu'il a pu dire avec une ostentation cruelle : «L'abandon de la vie, sans espoir de récompense, pour le salut d'un Brâhmane, d'une «*vache*, ou d'une femme ou d'un enfant, peut seul faire «parvenir au Ciel ces hommes de vile naissance. (Sl. 62, Liv. X).»

SECTION QUATRIÈME.

DE L'ENFANT NATUREL EN GRÈCE.

Électre, la fille d'Agamemnon et de Clytemnestre, seule, abandonnée, humiliée dans le palais de ses pères, consumant dans l'obscurité sa jeunesse et ses grâces, déplore ses malheurs, et, dans une douloureuse indignation, fait entendre des accents de deuil :

....

....

Τεκοῦσα δ'ἄλλους Παῖδας Αἰγισθῳ Πάρα
Πάρεργ' Ορεστην κα'μὲ Ποιειται δόμων.

(SOPHOCLE. *Traj. d'Électre.*)

Cet incomparable morceau du poëte favori des Athéniens offre une gradation de sentiments, une scène de la tristesse avec ses angoisses et ses transports.

Et le cri le plus énergique que la passion ait jamais fait entendre est celui-ci : *Notre mère ne voit en nous que des bâtards* (*Πάρεργα δόμων*). Il y a la dedans un mélange des sens et de l'âme, de désespoir et de fureur qui passe toute expression. Cette fille légitime du roi des rois est réduite au sort réservé à l'enfant naturel. Elle devait donc être bien misérable, la destinée de l'enfant naturel, pour que le poëte, dont la voix, si nous osons nous exprimer ainsi, est devenue plus gémissante et la lyre plus plaintive, pût, par l'impulsion secrète d'une institution politique qui a changé le fond des idées et de la morale, donner à la jeune Grecque un tel cri de désespoir, et lui prêter un reproche si sanglant envers la conduite d'une mère, un appel si pressant aux dieux vengeurs.

Avec sa profonde connaissance du cœur humain, Sophocle a marqué ses personnages du sceau de son époque. Ils étaient déjà bien loin, les temps d'Hercule, de Thésée, d'Achille, de Pyrrhus et de tant d'autres bâtards illustres, tous traités avec faveur. Elles étaient même (soit vétusté, soit abrogation) effacées, ces trop fameuses lois de Lycurgue, qui ordonnaient que le vieillard, époux d'une femme jeune et belle, la cédât à un homme plus jeune et plus vigoureux, qui autorisaient même le célibataire, jaloux d'avoir des enfants, à demander au mari de cette femme de le laisser jouir, un instant, de ses droits. (XENOPHON. *De rep. Laced.*, ch. 1, t. 6.) Dire qu'on était traité en bâtard, le poëte l'a bien compris, c'était faire entendre qu'on était étranger au sein de sa famille, étranger au sein de sa patrie. Telle était en effet, à Athènes, la fâcheuse condition des enfants nés hors mariage.

On regardait comme bâtards (*νόθοι*) tous ceux qui n'étaient pas issus d'un mariage légitime, c'est à dire approuvé par la loi ; il y a une disposition précise dans le *Recueil des lois d'Athènes*, tit. 4 *de liberis legitimis, nothis, adoptivis et patria potestate*, (D'AGUESSEAU, œuvres, tome 8. *Diss. sur les bâtards.*)

Les Athéniens attachaient une si grande importance à la qualité de citoyen, qu'il n'y avait de légitimes à leurs yeux que les mariages contractés entre un citoyen et une citoyenne. Toute union avec une femme étrangère était illégitime; les enfants qui en naissaient étaient naturels.

Μόνους Ἀθηναίους εἶναι τοὺς ἐκ δυοῖν Ἀθηναίοιν γεγονότας. Νόθον εἶναι τὸν μὴ ἐξ ἀστῆς γεγονότα.

Était *νόθος* l'enfant né d'un citoyen, en dehors d'un mariage légitime, que sa mère fût étrangère, concubine du père, ou courtisane.

Les mêmes lois n'admettaient l'enfant naturel à aucune fonction de la république, soit sacrée, soit profane, et ne lui donnaient aucun droit de parenté.

Μηδὲ νόθῳ μηδὲ νό'η αγχιστειαν εἶναι μητ'ιερῶν μητ'οσιῶν απ'Ευκλειδου αρχοντος.

Ces mêmes lois ne prouvaient pas qu'il y eût une liaison assez étroite entre un père et son fils naturel, pour obliger ce dernier à le nourir.

Μηδὲ τοῖς ἐξ ἑταίρας γενομένους επανάγκες τοῦς πατέρας τρεφειν.

Samuel Petit, dans son commentaire sur les lois d'Athènes, remarque que les enfants naturels étaient regardés comme étrangers, non-seulement à l'égard de leurs pères et de leurs parents, mais même à l'égard de la république. *Nihil igitur sacri, nihil publici commune habuerunt nothi cum patre qui eos tollebat, aut cum ejus agnatis cognatisve, ut qui inter cives non censerentur; ac ne quidem ejus nomine qui genuerat, nisi illis subveniretur adoptione.*

Exclus de la famille, les *νόθοι* ne pouvaient pas venir à l'hérédité. Une scène très-curieuse d'Aristophane fait cesser tout espèce de doute à ce sujet.

«*Pisthétérius.* — Hélas comme Neptune t'abuse! Ap«proche, que je te dise deux mots. Ton oncle te trompe, «pauvre garçon. D'après la loi, il ne te revient pas la «moindre part des biens paternels; car tu es bâtard, et «non fils légitime.

«*Hercule.* — Moi bâtard? que dis-tu?

«*Pisthétérius.* — Sans doute, puisque ta mère était une «étrangère. Eh! comment Minerve serait-elle unique «héritière, elle qui est fille, si elle avait des frères légi«times?

«*Hercule.* — Mais si mon père en mourant me lègue «ses biens?

«*Pisthétérius.* — La loi ne le permet pas. Ce même «Neptune, qui t'excite maintenant, sera le premier à te «disputer l'héritage, en disant qu'il est le frère du dé«funt. Voici la loi de Solon: *Le bâtard est exclu de la suc«cession, s'il y a des enfants légitimes; à défaut d'enfants lé«gitimes, l'héritage passe aux collatéraux les plus proches.*

«*Hercule.* — Je n'ai donc aucune part dans les biens «de mon père?

«*Pisthétérius.* — Aucune. Dis-moi: ton père t'a-t-il «jamais fait inscrire sur le registre d'une tribu?

«*Hercule.*— Non, et vraiment je m'en étonnais.» (*Aristophane, comédie des Oiseaux.*)

Aristophane se contente de railler Hercule et les enfants naturels; mais ne leur accorde aucune pitié.

Anthisthène s'éleva contre cette réprobation qui atteignait ces enfants si déshérités: il répondit plus d'une fois à ceux qui se vantaient d'être nés en Attique de parents citoyens Athéniens, que la qualité d'enfants légitimes (*autochtones*) leur était commune avec les limaçons et les sauterelles. Il est vrai que ce philosophe était lui-même un *νόθος*. (J. Denis, *histoire des théories et des idées morales de l'antiquité*, tome I, page 306.)

Avec plus d'impartialité, et cependant sans plus de succès, Euripide fit retentir la scène de ses accents de compassion pour l'enfant naturel : il répéta dans ses tragédies qu'il n'y avait aucune différence entre un *νόθος* et un homme de bonne et légitime naissance. « Dans un « *νόθος*, disait-il, le nom seul est méprisable, mais la na« ture est égale à celle des autres. » Ces voix amies ne furent pas écoutées.

DEUXIÈME PARTIE.

DROIT ROMAIN.

DROITS DE L'ENFANT NATUREL DANS LES SUCCESSIONS DE SES PÈRE ET MÈRE.

SECTION PREMIÈRE.

NOTIONS GÉNÉRALES. — DES *VULGO QUÆSITI*. DU CONCUBINAT ET DES *LIBERI NATURALES*. COMPARAISON ENTRE LES *LIBERI NATURALES* ET LES *SPURII* OU *VULGO-QUÆSITI*.

Si le peuple romain est peu libéral et peu tolérant pour les enfants naturels, que, dès les temps les plus anciens, il désigne par l'expression de *vulgo quæsiti*, il ne faut pas conclure, de cette réprobation qui poursuivait ces infortunés, à la rigoureuse chasteté des premiers pères de la patrie.

«Les bâtards ne manquaient pas à Rome: Romulus et Rémus n'ont pas de père certain. Lorsqu'une Rhéa Sylvia conçoit d'un inconnu, de moindres qu'elle peuvent n'avoir pas plus de scrupules.

«Le berceau de Rome est un nid de bandits, or la pudeur et la chasteté ne sont point vertus de brigands. Le libertinage dut florir parmi les anciens Romains, et la lubricité de grossiers vainqueurs put aisément se satisfaire sur les captives enlevées dans les expéditions, et sur les filles des peuples soumis.» (MORILLOT. *De la condition des enfants nés hors mariage.*)

A Rome, à vrai dire, il n'y a qu'une sorte d'enfants: ceux que la loi place sous l'autorité des pères de famille; tous ceux qui, ne sont pas en la puissance d'un *paterfamilias*, n'ont ni père, ni mère, ni famille; la loi les repousse impitoyablement.

Or, si la loi ne voulait pas les reconnaître, si, dans son inflexible rigueur, elle leur refusait toute protection, elle ne pouvait cependant empêcher que de pauvres créatures ne fussent abandonnées par leurs parents; que d'autres, non moins misérables, ne dussent le jour à ces unions éphémères qui sont vieilles comme les passions humaines! Que devenaient-ils alors, ces enfants naturels, ces enfants conçus au hasard, *vulgo concepti*, suivant l'énergique désignation du droit romain?

Pour déterminer la condition de ces enfants, on se demandait quelle était la mère qui les avait mis au monde. Si cette mère était connue, «ils devaient suivre sa condition;» tel était le principe. Était-ce une esclave, ils tombaient comme elle en servitude; était-ce une Latine, une étrangère, ils devenaient en naissant Latins ou étrangers; avait-elle, au contraire, la qualité de citoyenne, ils se trouvaient aussitôt investis de ce titre et appelés à en exercer les droits. Si, par hasard, la mère de ces enfants demeurait inconnue, le droit romain avait pour eux de singulières faveurs. Admettant, dans le doute, qu'ils étaient nés d'une Romaine, il leur conférait la qualité et les droits de citoyens. Pourquoi les mœurs publiques n'imitaient-elles pas cette mansuétude de la loi? «Mais ces pauvres abandonnés n'avaient guère d'autre sort, dit M. DÉSOBRY, que de mourir de faim ou de froid, ou d'être dévorés par les chiens, ou bien encore d'être ramassés par des entrepreneurs de mendicité pour être torturés ou mutilés.»

L'enfant paré du titre pompeux de citoyen romain était seul au monde : il ne pouvait pas réclamer l'assistance et les secours de ses parents, car il n'était pas de leur famille; il n'avait aucune action à exercer contre eux. La loi qui lui reconnaissait les droits les plus étendus, ne faisait rien pour assurer son existence.

Cette rigueur de la loi était la conséquence logique des principes qui lui servaient de base; mais elle n'avait pas pour mobile un sentiment de mépris ou de haine contre ceux dont la naissance était le résultat d'une faute. Les Romains ne faisaient pas peser sur les fils le crime des pères, et dans les monuments qu'ils ont laissés, tout indique que, pour eux, la bâtardise était une infortune et non pas une honte. Mais quelle que fût l'indifférence avec laquelle ils considéraient la naissance des *vulgo quæsiti*, il n'en est pas moins certain que ces malheureux étaient entièrement livrés à la merci de leurs parents. Lorsque ceux-ci venaient à étouffer dans leur cœur la voix de la nature, l'abandon, la misère et souvent la mort, voilà ce qui attendait ces enfants au seuil de la vie; si quelque personne compatissante ou intéressée ne lui donnait asile, la république ne s'en occupait pas. Telle était du moins la dureté du droit primitif. Mais plus tard, la *lex Atilia* comprit dans ses dispositions le *vulgo quæsitus* citoyen romain et lui fit nommer un tuteur.

Cependant si la loi romaine ne forçait pas les parents à remplir leurs devoirs, du moins ne faisait-elle rien pour les en empêcher. Elle accordait même de singulières facilités à ceux qui voulaient assurer l'avenir de leurs bâtards. Les enfants étaient-ils citoyens, on pouvait les adopter et les faire entrer ainsi dans la famille;

on pouvait encore leur faire des donations, les prendre pour héritiers, et leur laisser une partie et même la totalité de sa fortune, au préjudice des descendants légitimes.

En résumé, si, d'une part, aucun moyen n'était accordé aux *vulgo quæsiti* pour obtenir de leurs parents l'assistance qu'ils devaient en attendre, d'autre part, ne l'oublions pas, la liberté la plus complète était donnée à ceux-ci pour les faire entrer dans leur famille, et pour les investir de tout ou partie de leur fortune.

Tous les enfants nés hors mariage étaient des *volgivaga Venere nati*, ou plus juridiquement, comme tous les enfants dont le père n'est pas certain, des *vulgo quæsiti*, des *vulgo concepti*, des *spurii*, termes qui correspondent à notre nom français *bâtard*. Les expressions *vulgo concepti*, *vulgo quæsiti*, et *volgivaga Venere nati* sont assez claires et se comprennent aisément. Il n'en est pas de même de l'expression *spurii*; les jurisconsultes en proposent des explications différentes : les uns tirent ce mot du grec σποράδην qui signifie çà et là, *spurius* ne serait que la traduction grecque de l'expression *vulgo conceptus*. D'autres l'entendent comme synonyme de *sine patre*. Les Romains, disaient-ils, quand ils voulaient indiquer qu'un enfant était *vulgo quæsitus* se contentaient d'ajouter soit avant, soit après son nom, les lettres S. P., ce qui voulait dire *sine patre*. Mais comme ils avaient aussi l'habitude de n'écrire souvent que les premières lettres du prénom, ils désignaient, par les mêmes lettres S. P. mises à côté du nom, les personnes dont le prénom était *Spurius*. La confusion était facile, aussi finirent-ils bientôt par appliquer à tout *vulgo quæsitus* le nom de *spurius*, dont ils firent un qualificatif.

Un texte des *Institutes* semble donner gain de cause à l'une et à l'autre interprétation : *quales sunt ii quos mater vulgo concepit, nam ne hi patrem habere intelliguntur, cum his etiam pater incertus est: unde solent spurii appellari, vel a greca voce quasi σπόραδην concepti, vel quasi sine patre filii.* (§ 12, *Inst. de nuptiis*, 1,10).

Tous les enfants issus d'une union illicite, quelles que soient les circonstances de leur naissance, fruits de la bigamie, enfants abandonnés près de la colonne lactaire ou exposés sur les bords du lac Curtius, enfants inavouables, *ex nefariis complexibus nati*, tous sont confondus dans la tourbe des *spurii*, des enfants sans père. Il en fut ainsi pendant des siècles, jusqu'au moment où la *lex Papia Poppæa* vint reconnaître hors du mariage, une institution toute spéciale, le *concubinat*. Les enfants, nés de cette nouvelle union, prirent un nom particulier, celui de *liberi naturales*.

Occupons-nous, en premier lieu, des *liberi naturales*. Ce sont, nous venons de le voir, les enfants de la concubine. Qu'était-ce donc, à Rome, que la concubine et le concubinat?

Entre les patriciens et les plébéiens il n'y avait aucun *jus matrimonii*, les deux classes ne se mêleront pas; une patricienne pourrait-elle être la compagne d'un plébéien? Une plébéienne oserait-elle élever ses prétentions jusqu'à partager comme *uxor* la couche du patricien ?

Il dut cependant arriver quelquefois qu'un patricien, réellement épris d'une femme, que la loi et le respect humain lui défendaient d'épouser, entretînt avec elle des relations suivies. Il lui donnait ainsi une marque particulière de considération, une preuve d'estime véritale. Ne pouvant l'épouser, au moins ne la déshonorait-il pas. C'est là évidemment l'origine du concubinat.

Jamais la concubine ne fut ni déconsidérée ni méprisée. Comment, en effet, l'opinion publique eût-elle flétri une femme qui, ne pouvant devenir l'épouse d'un homme, qu'elle aimait d'ailleurs, et dont elle était aimée, consentait à devenir sa concubine, et refusait de n'être qu'un instrument de plaisirs passagers.

Quand, après les efforts du tribun Canuléius, le *connubium* fut admis entre les deux classes, le mariage ne prit point pour cela la place du concubinat. Loin de là, les patriciens, humiliés d'avoir dû céder à la pression de la *plebs*, se retranchèrent de plus en plus dans leur orgueil. Aux barrières que la loi nouvelle venait de renverser, leur vanité substitua des obstacles non moins infranchissables. (Tite-Live, liv. 4, chap. 2.)

Vers la fin de la république, les mœurs romaines étaient arrivées à un tel état de dépravation, qu'il en résultait un véritable péril pour la société. Les habitudes dissolues, l'instabilité dans les unions avaient eu pour effet d'amener une décroissance rapide de la population: il n'y a de prospères et d'avantageuses pour une nation que les unions permanentes.

Aussi quelles appréhensions ne causait pas à cette époque, l'appauvrissement du sang romain. Devenu empereur, Auguste, comprenant le danger, voulut y remédier. C'est dans ce but qu'il fit porter la loi *Julia de maritandis ordinibus*, et la loi *Papia Poppæa*.

La loi *Julia de maritandis ordinibus* défendit, en l'année 757 de Rome, «aux sénateurs et à leurs fils d'épouser des femmes affranchies, des comédiennes ou des filles de comédiens et des courtisanes; aux ingénus d'épouser des personnes de mauvaise vie ou des esclaves affranchies par eux, des comédiennes et des femmes surprises en adultère, condamnées par un jugement public ou par le Sénat.»

Cette loi fut refondue quelques années plus tard (an de Rome 762) dans la loi nommée *lex Papia Poppæa*, dont le but principal était de punir les célibataires et les veufs non remariés, en déclarant les premiers incapables de recevoir par testament, et les seconds forcés d'abandonner la moitié des héritages et des legs qu'ils seraient appelés à recueillir. TACITE nous explique le mobile qui fit agir Auguste : *«Relatum deinde de moderanda Papia Poppæa, quam senior Augustus, post Julias rogationes, incitandis cœlibum pœnis, et augendo ærario, sanxerat.»* (Tacite : *Annales*, liv. 3, ch. 25.)

Pour donner satisfaction à tout le monde, sans avoir l'air de céder à personne, l'ingénieux empereur trouva un moyen de tout concilier; il fit du concubinat une union légale, parallèle, mais inférieure au mariage. Il permit de prendre pour concubines toutes les femmes que les lois *Julia* et *Papia* défendaient de prendre pour épouses. C'était, au dire d'HEINECCIUS (*ad. l. Juliam et Papiam Poppæam comm.*), dans le quatrième chapitre de la loi *Papia Poppæa*, qu'il était question du concubinat.

«Avant les lois caducaires, le concubinat n'était pas reconnu par la loi, la concubine ne se distinguait pas, légalement du moins, de la *pellex* ou de l'*amica*. Les rapports qu'on pouvait avoir avec elle étaient ou un *stuprum*, ou une simple *fornicatio*, suivant qu'on s'était adressé à une femme honnête, où à une de ces femmes avec lesquelles, vu leur dégradation, on ne commettait pas de *stuprum*. Mais il n'en fut plus ainsi lorsque le concubinat eut été manifestement reconnu par la loi.

Les dénominations de *concubinatus* et de *concubina* furent prises dans un sens honnête; les relations qu'un homme eut avec sa concubine ne constituèrent plus un *stuprum*; elles formèrent une union légale, non furtive, une sorte de mariage reconnu par la loi, productive d'effets civils, quoique n'entraînant pas indivisibilité de position. » (MORILLOT, *De la condition des enfants nés hors mariage, Droit romain*).

Le concubinat, cette *conjunctio maris et feminæ*, reçut des règles qui le rendirent en quelque sorte semblable au mariage. C'est ainsi qu'il fut convenu que le même homme ne pourrait avoir plusieurs concubines en même temps; que bien qu'il fût toujours possible de rompre cette union, on devait présumer que les parties n'avaient pas l'intention de se séparer; qu'un homme marié ne pouvait entretenir une concubine; qu'on ne pourrait prendre pour concubine une esclave, une fille mineure de douze ans, une femme mariée, une parente avec laquelle on commettrait un inceste, ou bien une personne unie déjà par un lien semblable à un ascendant ou à un patron; que si la femme, acceptant une pareille existence, ne devait pas être admise à partager le rang et les honneurs de l'homme qui l'avait choisie, elle ne devait du moins rien perdre de sa considération personnelle, ni rougir d'une qualité que la loi lui reconnaissait; qu'ainsi toute femme libre, même ingénue, pouvait préférer à l'état de mariage cette position, qui lui laissait toute son indépendance, à la condition toutefois de manifester sa volonté dans une sorte d'actes d'épousailles, pour constater que ses rapports avec son conjoint n'avaient rien de répréhensible ni de contraire aux lois: en un mot, tous les principes du droit des gens, qui, dans la société romaine, réglaient le mariage, tous les préceptes qui ne dérivaient pas d'une distribution spéciale du droit civil, furent étendus au concubinat; de telle sorte, que, comparant la concubine à l'épouse légitime, le jurisconsulte PAUL a pu dire «entre elles il n'y a d'autre différence que celle qu'y met la volonté de leur conjoint, *ex sola animi destinatione*,» et ULPIEN : «On ne peut les distinguer que par le rang qu'elles occupent.» «Le concubinat, enseigne POTHIER (*Contrat de mariage*, nº 7), était aussi un véritable mariage, il était expressément permis par la loi.»

Cependant les règles civiles du mariage ne furent jamais appliquées au concubinat; d'une part, certaines conditions que la loi mettait au premier n'étaient pas imposées au second. On pouvait prendre pour concubines des femmes que l'on n'aurait pu prendre pour épouses. (L. 1, 52, *D. de concub.* (25, 7.) Si, comme le concubinat, le mariage pouvait être disjoint par la seule volonté des parties, le divorce néanmoins était entouré de certaines formalités qui n'existaient pas pour la rupture d'une union naturelle; enfin, nous le savons, la concubine ne partageait pas le rang de son conjoint. Elle était placée après l'*uxor*. (JEAN VOET, *Comment. des Pand*); les relations qu'on avait avec elle constituaient une hémigamie (ἡμιγαμος), un mariage inégal, *semimatrimonium, conjugium inæquale*. (CUJAS. D. L. 2. 51. de concub.) D'autre part, le concubinat ne produisait aucun des effets légaux du mariage: puissance paternelle sur les enfants, droits de succession entre les conjoints, réunion des patrimoines par suite de la *conventio in manum mariti*. La concubine, n'étant pas placée en puissance maritale, ne voyait pas ses biens soumis aux lois qui régissaient la dot de l'épouse, et conservait le droit d'en disposer ; elle pouvait faire à son conjoint telles donations qui lui convenaient, et pareillement en recevoir de lui ; elle pouvait s'obliger pour lui ; elle se rendait coupable de vol si elle détournait des objets appartenant au chef de l'association ; bref, le droit civil la traitait comme une étrangère et non une femme mariée.

Aux enfants issus de cette union on appliqua la qualification nouvelle d'*enfants naturels, liberi naturales*, enfants issus du mariage selon la nature. Les *liberi naturales* se distinguaient des autres enfants nés hors mariage, ils n'étaient plus des *spurii* ; nés *secundum legem*, reconnus par les lois *Julia et Papia Poppæa*, ils étaient, si nous osons nous servir de l'expression employée par HOTMAN, des *quasi legitimi*. Et c'est cette qualification de *legitimi* (qualification dont nous usons peut-être d'une façon téméraire), qu'ils auront jusqu'au jour où Constantin ouvrira la réaction contre le concubinat. Alors ils ne seront pas encore, comme ils le furent plus tard sous Léon, le produit d'un commerce illicite et défendu ; mais issus d'une union à peine tolérée à ce moment, on ne les qualifiera plus de *legitimi*. Ils ne seront plus que de purs enfants naturels, *naturales liberi*, susceptibles tout au plus d'être légitimés.

«On pourrait, dit M. ORTOLAN en parlant de ceux-ci, les comparer sous quelques rapports à nos enfants naturels reconnus.» (*Explication historique des Insti. de Justinien*, page 101, tome 2.)

Le concubinat donna une famille naturelle à ceux qui ne pouvaient réclamer une famille civile, et rendit certaine la paternité. Il est ainsi facile de comprendre combien la situation sociale des enfants nés du concubinat dut différer de celle des enfants nés d'une union illicite.

Les *liberi naturales* avaient le droit de rechercher leur filiation et de demander des aliments à leur père et à leur mère; à défaut de ceux-ci, à leurs ascendants, à leurs frères et sœurs naturels, ils avaient le devoir d'en fournir à toutes ces personnes.

Ils étaient capables de recevoir, à titre de donation ou de testament, tout ce que leur mère, ou leurs parents autres que leur père, voulaient bien leur laisser.

Ils étaient incapables de recevoir de leur père autre chose que ce qui leur était accordé par les Constitutions.

Ces enfants succédaient à leur mère, en vertu du Sénatus-consulte Orphitien, à titre d'héritiers civils, en concours avec leurs frères et sœurs légitimes, et à l'exclusion de tous autres parents. Ils succédaient enfin à leurs ascendants maternels par représentation de leur mère.

Une réaction énergique eut lieu contre les *liberi naturales*. Constantin les frappa d'une incapacité bien cruelle. Afin de conserver intact le patrimoine de la famille, il leur défendit de rien recevoir de leur père, par donation, ou par testament, tant qu'il existerait un héritier légitime. (Godefroy. *Comment. du Code Théodosien*, t. 1, p. 302.) Nous savons quelle rigueur extrême devait être apportée à la recherche des donations faites en fraude de cette loi; car une Constitution de Constantin, prohibant, dans un cas particulier, les donations faites à certains enfants naturels et à leurs mères, ordonne «que, si quelque chose a été donné ou remis à ces misérables, ils soient soumis à la torture, pour être forcés à le restituer; de sorte que tout ce qui leur aura été donné, de quelque façon que ce soit, directement ou indirectement, fasse retour aux parents légitimes; que si ceux-ci refusent d'exercer cette revendication, le fisc devra le faire en leur place; il aura même le droit d'agir, si, dans le délai de deux mois, les parents légitimes n'ont pas commencé les poursuites, et, pour arriver à son but, il pourra mettre en œuvre les plus sévères questions et punir d'une amende quadruple de la valeur des biens donnés ceux qui auront voulu les soustraire à ses recherches.» Il est très-probable que ces mesures si rigoureuses étaient applicables dans tous les cas, et venaient protéger, même contre leur gré, les parents légitimes.

Heureusement pour les *liberi naturales*, que Valentinien I, sur les instances de LIBANIUS, crut devoir diminuer cette incapacité dont les avait frappés Constantin. Toutefois il faut reconnaître que l'institution du concubinat avait reçu un coup dont elle ne pouvait plus se relever. Sous Justinien le concubinat n'est plus qualifié de *semimatrimonium*, de *conjugium inæquale*, c'est à peine si on le nomme *licita consuetudo*, une habitude passée en loi, une faiblesse sur laquelle on veut bien fermer les yeux : c'est encore un droit et un droit important surtout pour les enfants qui en sont issus, mais on voudrait faire croire, permettez-nous l'expression, à une tolérance du législateur.

Justinien s'occupa du sort des *liberi naturales* : nous verrons de quelle manière il les admit à la succession de leurs père et mère. L'œuvre de Justinien devait être anéantie par un de ses successeurs. Par sa Novelle 91, Léon abolit le concubinat : «La loi, dit-il, qui a cru devoir autoriser ceux qui ne rougissaient point de vivre dans le concubinat a outragé la pudeur publique. Nous ne pouvons pas permettre que cette méprise du législateur deshonore plus longtemps notre État. Que cette loi soit à jamais abolie. Les préceptes du christianisme nous interdisent de nous y soumettre, car elle offense également la nature et la religion. Si la loi divine nous invite à puiser avec modération à la source où nous devons nous désaltérer, pourquoi, lorsque nous pouvons nous abreuver d'une eau limpide, lui préférer une boue sordide? Alors même que nous pourrions nous approcher de cette source, nous ne devrions pas chercher un breuvage défendu. Il n'est point d'ailleurs difficile de trouver la compagne de sa vie.»

L'abolition du concubinat eut d'immenses conséquences: les *liberi naturales* perdirent tous leurs droits, ils furent assimilés aux enfants nés d'un commerce criminel, régis par les mêmes lois, et frappés de la même incapacité.

Passant du *liber naturalis*, aux autres enfants nés hors des justes noces, demandons-nous quelle était leur condition et quels étaient leurs droits? nous rechercherons ensuite quelle pouvait être leur position à l'égard de leur mère et de la famille de celle-ci.

On comprend sous la désignation de *Spurii* tous les enfants nés d'une union illicite.

C'étaient tantôt les fils de femmes éhontées, trafiquant de leurs faveurs, de ces femmes généralement comprises sous le nom de *meretrices*, *amicæ*, *scorta*, *focariæ*. Leurs mères étaient toutes notées d'infamie. Cependant le mépris leur était distribué à doses différentes, et la coûteuse et pimpante *amica* se mettait elle-même bien au-dessus de la *focaria* débraillée. Les plus dédaignées;

d'entre ces femmes, étaient évidemment celles que les Romains désignaient par l'expression de *scorta* ; les moins conspuées étaient celles qu'ils décoraient du nom gracieux d'*amicæ*. Au fond, femmes entretenues, courtisanes, filles publiques, femmes à soldats, elles n'étaient toutes que des *meretrices*. Leurs enfants étaient tous sans père et ne pouvaient en avoir.

Tantôt c'étaient encore les fils nés de relations criminelles et réprimées, les fruits du *struprum*, de l'adultère et de l'inceste, *ex nefariis complexibus nati.*

Les uns comme les autres, dans cette longue série d'êtres deshérités, ne pouvaient indiquer leur père, ou ne pouvaient qu'en indiquer un que la loi ne reconnaissait pas Leur père, c'est tout le monde et personne. Telle est l'idée qu'exprime le distique suivant :

Cui pater est populus, pater est sibi nullus et omnes,
Cui pater est populus, non habet ille patrem.
(E. Henriot. *Les Poètes juristes*, 2e partie.)

Ces enfants n'étant pas admis à la recherche de la paternité ne pouvaient demander d'aliments qu'à leur mère, et à son défaut, à leurs parents maternels : ils étaient vis-à-vis de leur mère et de leurs parents maternels dans une situation semblable à celle des enfants du concubinat, tant au point de vue de la capacité pour recevoir, qu'au point de vue du droit de succéder *ab intestat.*

Ils ne pouvaient rien recevoir de leur père présumé par donation, testament, ou autrement, ni se présenter dans l'ordre des cognats pour recueillir sa succession, ou celle de leurs parents paternels.

Parmi les *Spurii* ou *Vulgo Quæsiti*, on avait distingué, pour les frapper d'une incapacité plus grande, les enfants incestueux. Ceux-ci étaient absolument incapables de recevoir aucun don, même à titre d'aliments, soit de leur père, soit même de leur mère; à plus forte raison n'avaient-ils aucun droit à exercer contre celle-ci ou contre ses parents. La misère et l'abandon, voilà leur lot.

Cette incapacité fut étendue par Justinien à tous les enfants nés d'un commerce criminel. «Ces enfants, dit-il dans la Novelle 74, ne doivent pas porter le nom d'enfants naturels, ils n'ont droit à aucune pitié; l'union de leurs parents n'est qu'un accouplement détestable, et ne peut même pas leur donner la faculté de demander des aliments.» Justinien, ce législateur si indulgent, dans certains cas, pour les enfants *ex concubinatu nati*, se montra excessivement sévère pour certains *spurii*. En les maltraitant, il espérait sans doute détourner des unions criminelles et même passagères, et porter les citoyens au moins vers le concubinat.

C'est pour ce motif qu'il condamna avec rigueur toutes les unions criminelles, réprimées et maudites: en conséquence, il enleva aux enfants *ex damnato coitu nati* les droits accordés aux enfants illégitimes par le *Sénatus-consulte Orphitien*, et ne leur accorda même plus le droit de recevoir, ne fut-ce qu'à titre alimentaire, la moindre chose de leurs parents.

Enfin, d'après le droit de l'empereur Léon (Novelle 91), toutes les unions pouvant donner naissance à des *spurii*, ne furent pas poursuivies et punies par les lois; mais tous les *spurii* furent traités comme s'ils étaient nés d'unions criminelles et réprimées. C'est là le dernier état de la législation romaine.

Nous allons, dans les sections suivantes, examiner les droits qui appartiennent aux *liberi naturales* dans la succession de leur père, et ceux qui appartiennent, du moins à une certaine époque, à tous les enfants illégitimes dans la succession de leur mère : qu'ils soient naturels *ex concubinatu nati*, ou *vulgo quæsiti*, qu'ils aient un père démontré ou qu'ils n'en aient pas, ou encore qu'ils en aient un qu'il n'est pas permis d'avoir : *qui patrem demonstrare non possunt, vel qui possunt quidem patrem demonstrare, sed eum habent quem non licet habere.*

SECTION DEUXIÈME.

SUCCESSION DU PÈRE.

CHAPITRE I.

Succession testamentaire.

La législation romaine comprend, en cette matière, deux grandes époques, bien distinctes l'une de l'autre.

Dans la première époque, lorsque les Douze-Tables régissaient le peuple romain, la volonté du testateur était l'unique loi des parties. «*Uti legassit, ita jus esto.*» Le père pouvait alors disposer de son hérédité en faveur d'un étranger, en faveur d'un enfant naturel, au détriment de ses fils légitimes et de ses ascendants : son droit de disposer était absolu. Aussi dût-il arriver souvent que des *liberi naturales* fussent non-seulement avantagés, mais encore institués héritiers. Cette faculté illimitée de tester n'avait pour borne, que l'attachement du *De cujus* pour sa famille légitime, et pour contrôle, que sa conscience. Point de voie de recours contre cette exhérédation, du moins dans les premiers temps de Rome. Le fils légitime était obligé de quitter la maison paternelle, si tel avait été le bon plaisir du père, et d'abandonner tous les biens à un frère naturel qu'il n'avait peut-être jamais connu. Il n'y avait, à vrai dire, aucune sauvegarde des intérêts de la famille légitime : heureusement que la jurisprudence s'occupa d'une question si sérieuse par les injustices qu'elle soulevait sans cesse, et trouva le moyen d'imposer un frein au testateur jaloux de porter préjudice à sa famille. Sous prétexte que ce testateur n'avait pas été sain d'esprit, *hoc colore quasi non sanæ mentis fuerit*, qu'il avait été victime d'une défaillance des facultés intellectuelles (défaillance momentanée, alléguait-on), on pouvait attaquer ce testament contraire aux devoirs de la piété, *contra officium pietatis*, et grâce à la *Querela inofficiosi testamenti*, on portait la cause devant le tribunal centumviral, *testamentum inofficiosum accusabatur* ; et ce tribunal faisait droit aux prétentions des fils légitimes ou des ascendants lésés.

Dans la deuxième époque, nous trouvons en vigueur un principe tout contraire. Il n'est plus permis de laisser par testament aux *liberi naturales*, que ce que leur accordent les Constitutions : le père a les mains liées ; il ne peut plus, dans ses libéralités, dépasser un *maximum* fixé à grand soin.

Rappelons-nous que l'empereur Constantin, pour empêcher le patrimoine des familles d'être arbitrairement enlevé aux héritiers légitimes, en passant dans les mains des enfants naturels, avait porté une atteinte directe à cette règle de la loi des Douze Tables « Que la volonté du testateur soit la loi des parties. » Pour arriver à ce résultat, il défendit, sous les peines les plus sévères, aux *liberi naturales* de rien recevoir de leur père par donation ou par testament, tant qu'il existerait un héritier légitime.

Cet état de choses ne pouvait être maintenu. Valentinien I, nous l'avons déjà fait remarquer, diminua l'incapacité dont Constantin avait frappé les enfants nés du concubinat : il fit déclarer qu'un testateur aurait la faculté de léguer à ses enfants naturels et à leur mère un douzième de ses biens s'il laissait des descendants ou des ascendants du premier degré ; et trois douzièmes s'il avait d'autres héritiers légitimes ; s'il n'en laissait aucun, nul doute qu'il ne pût, comme auparavant leur léguer sa fortune tout entière.

Cette concession n'exposait pas les héritiers légitimes à se voir enlever leur patrimoine, puisqu'ils n'avaient plus à craindre que la perte d'une faible partie ; mais elle permettait aux pères de famille, comme au sophiste Libanius, « de ne plus mourir le cœur brisé de douleur, à la pensée que l'instant qui finirait leur vie devait apporter à leurs pauvres enfants toutes les horreurs de la misère. »

Sous le règne de Justinien, nous allons voir la législation se corriger, devenir plus indulgente et plus humaine encore. Sera-ce la charité chrétienne qui viendra tempérer le rigorisme du législateur, ou sera-ce la pression de l'opinion publique, encore trop peu éclairée pour comprendre et soutenir le zèle impérial? Nous ne savons trop ; mais en tous cas nous nous applaudirons de ces réformes qui, sans faire perdre à la loi son caractère d'austérité et de haute moralité, viendront cependant satisfaire des intérêts légitimes, et consacrer des droits respectables.

Les droits de succession de l'enfant naturel varient, suivant qu'il est en présence des descendants légitimes, d'ascendants réservataires, ou de simples collatéraux.

Quand le père laisse des enfants légitimes, il ne peut léguer qu'une once aux *liberi naturales. Matre vel legitimis filiis vel nepotibus, aut pronepotibus, cujuscumque sexus, uno pluribusve existentibus, bonorum suorum unam tantum unciam pater naturalibus filiis, seu filiabus eorumque genitrici : vel si sola sit concubina, semunciam largiendi vel reliquendi habeat potestatem.* (Const. 2. C. de *natur. liberis,* 5,27.) Ainsi, en présence d'enfants légitimes, les *liberi naturales* ne peuvent recueillir par testament qu'une once, c'est à dire un douzième. Encore partageaient-ils ce douzième avec leur mère naturelle. *Testari dedimus usque ad unam solam unciam quam habebunt una cum matre.* (Novelle 18, cap. 5.) La part laissée à la mère se prend sur cette once, de façon que les parts réunies de la mère et des enfants naturels ne peuvent être supérieures à un douzième.

Lorsqu'au mépris de cette prohibition, le père a excédé les bornes prescrites par la loi, sa disposition est restreinte et les biens sont rendus à ses héritiers légitimes. *Quidquid vero ultra modum concessum relictum sit, legitimis filiis, vel matri, vel cæteris successoribus jure reddatur.* (Const. 2. C. (5,27).) D'après cette Constitution, la restriction des legs, dans la mesure de cette quotité, avait lieu, non-seulement quand le père laissait des enfants ou descendants légitimes, mais, à défaut d'enfants, quand il laissait sa femme, la mère de ses enfants légitimes. Cette disposition est effacée par Justinien dans sa Novelle 89, ch. 12, où il décide, sans faire d'autre réserve que pour les ascendants, qu'à défaut de descendants légitimes, le testateur pourra léguer les douze onces à ses *liberi naturales.*

Plus favorable était la position de l'enfant naturel, en concours, non plus avec des enfants légitimes, mais avec des ascendants ayant réserve, *parente cui relinqui necesse est.* Il pouvait alors recevoir, par testament, tous les biens du père, sauf la légitime due à l'ascendant. En un mot, à lui, et à lui seul revenait toute la quotité disponible. *Legitima parte parentibus relicta, reliquum inter naturales distribui permittitur.* (Novelle 89, ch. 12. 53.)

Les ascendants sont les seules personnes dont la présence empêche le testateur de léguer tout son patrimoine à ses enfants naturels; et encore ces ascendants ne sont que légitimaires et ne peuvent agir que dans la mesure de leur légitime. Aussi écarterons-nous, de la succession, les frères et sœurs légitimes du défunt, qui n'ont, à vrai dire, de droit de réserve qu'à une seule condition, c'est que l'héritier institué soit une personne infâme ou notée, *si scripti hæredes infamiæ, vel turpitudinis, vel levis notæ macula adspergantur.* (*Const.*, 23. *C. de inoff. test.*, 3,28.) Or, l'enfant naturel n'étant pas rangé dans la classe des personnes honteuses, infâmes, notées, il s'en suit que les frères et sœurs du testateur ne peuvent former la *querela inofficiosi testamenti.*

Enfin, si le père n'a ni enfants légitimes, ni parents réservataires, il peut laisser à ses enfants naturels la totalité de ses biens. *Si vero filios non habuerit quispiam legitimos, aut quemquam ascendentium quibus necessitas est legis relinquere partem propriæ substantiæ competentem, testatori licentia sit etiam in duodecim uncias scribere filios naturales hæredes.* (Novelle 89, ch. 12, 53.)

C'était laisser bien loin les dispositions antérieures. Les anciennes lois, sans distinguer si les héritiers étaient ou non légitimaires, avaient permis au père de laisser trois onces à l'enfant naturel. Justinien lui-même, dès les premiers jours de son règne, n'avait pas été si libéral, ni si généreux, puisque dans sa constitution 8. C. 5,27, il leur accordait six onces. Et maintenant, il permet au père d'épuiser l'intégralité de son patrimoine en faveur des enfants nés du concubinat.

Plusieurs motifs portèrent l'empereur à prendre cette décision; il en donne deux dans sa Novelle 89. Pour arriver à laisser à leurs enfants naturels plus qu'il ne leur était permis, les pères s'adressaient souvent à la bonne foi d'amis qui trompaient leur confiance et gardaient pour eux ce qu'ils devaient transmettre; or, la loi ne pouvait pas couvrir une pareille iniquité. En second lieu, il n'y avait aucune raison pour défendre aux pères de léguer à leurs enfants ce dont ils pouvaient disposer en faveur d'un étranger. Ce second argument est-il bien sérieux? le législateur, désireux de protéger la famille civile ne devait-il pas plus redouter des enfants que des étrangers? Justinien eût été plus sincère s'il avait dit qu'il respectait à la vérité les droits de la famille, mais que, cette famille, il prétendait la constituer sur d'autres bases, sur des bases plus humaines que ne l'avait fait l'ancien droit; ce dont il voulait tenir compte, c'étaient les liens consacrés par le mariage sans doute, mais formés par la nature; ce n'était plus les liens formés et consacrés par la loi. Il trouvait plus digne de protection l'intérêt des enfants naturels que celui des collatéraux éloignés; et c'est pour cela qu'il n'hésitait pas à supprimer toute réserve au profit de ces

6

derniers. C'était, sans contredit, aller trop loin dans une bonne voie, et compromettre la stabilité des familles, déjà ébranlée par la décadence des moeurs.

Comme on s'était demandé si cette défense faite au père de laisser à ses enfants naturels au delà d'une certaine quotité ne devait pas être étendue par analogie à l'aïeul paternel, disposant en faveur d'un descendant naturel de son fils légitime, ou d'un descendant naturel ou légitime de son enfant naturel, par sa Constitution de 539 (*C. de natur. lib.* 5,27), l'empereur décida que le motif de la restriction de la quotité disponible en faveur des enfants du premier degré, « mettre un frein à la licence des pères », n'existait pas pour les petits enfants; qu'il n'était par conséquent pas nécessaire de frapper ces derniers de la même incapacité; et qu'il convenait de les traiter aussi favorablement que des étrangers; que néanmoins, s'il existait des descendants légitimes, on devrait, par respect pour ceux-ci, ne leur rien laisser prendre au-delà de ce qu'ils eussent pu recevoir s'ils avaient été au premier degré. Cette disposition finale tranchait donc contre eux la question soulevée, en ne leur donnant gain de cause que contre les ascendants et les agnats (la Novelle 89 n'avait pas encore détruit les droits de ces derniers). Malgré la controverse récente, c'était une innovation que pouvait justifier l'intérêt des familles, mais que n'autorisait aucun texte. Justinien, en la sanctionnant, crut avec raison faire une chose utile et juste, et montra que, s'il sacrifiait volontiers les droits des collatéraux éloignés, il veillait du moins sur ceux des parents unis au testateur par les liens d'une affection à la fois naturelle et légitime. (Const. 12. C. de natur. lib. 5, 27).

CHAPITRE II.

Succession *ab intestat*.

Si le père meurt sans tester quels seront les droits de l'enfant naturel? *Intestatus decedit, qui aut omnino testamentum non fecit, aut non jure fecit, aut id quod fecerat ruptum irritumve factum est, aut nemo ex eo heres extitit (princ. Inst. de heredit. ab intestato* III, 1.) Distinguons entre les différentes époques.

D'après la loi des Douze Tables, les *heredes sui*, les *agnats* et les *gentiles* sont les seules personnes qui peuvent venir à l'hérédité. *Si intestato moritur cui suus heres nec escit, adgnatus proximus familiam habeto. — Si adgnatus nec escit, gentiles familiam habento.* (*Tabula quinta*, 1 et 2.) Il ne saurait donc être question, sous le régime primitif, de l'enfant naturel qui ne fait pas partie de la famille civile la seule admise par l'ancienne législation.

Lorsque le droit prétorien corrigea la rigueur du droit civil et reconnut quatre classes de successeurs, *bonorum possessores*, l'enfant naturel fut-il compris dans ces réformes dictées par l'équité? C'est ce qu'il nous faut examiner.

Il y a quatre possessions de biens: 1° la *bonorum possessio unde liberi*, 2° la *bonorum possessio unde legitimi*, 3° la *bonorum possessio unde cognati*, 4° la *bonorum possessio unde vir et uxor*. (cette dernière est entièrement étrangère à notre sujet.)

La *bonorum possessio unde liberi* est donnée à tous les enfants en puissance, ou qui s'y seraient trouvés s'ils n'avaient pas subi la *minima capitis deminutio*.

Étaient successeurs *unde lejitimi* tous les héritiers du droit civil, les agnats.

Le préteur appelait ensuite, à la possession de biens *unde cognati*, toutes les personnes unies par le lien de cognation, *qua parte naturalis cognatio spectatur*.

L'enfant naturel ne peut avoir la *bonorum possessio unde liberi*, car il n'est pas, et n'a jamais été en puissance, Aussi, croyons-nous que M. de FRESQUET. (*Traité élémentaire du Droit romain*, tome 2, page 38) est tombé dans une grave erreur, quand il a affirmé que les enfants issus du concubinat auraient eu, par rapport à la succession de leur père, la *bonorum possessio unde liberi*. «Il n'y avait, comme le remarque M. MACHELARD (*Diss. sur l'accroissement en droit romain*, page 111), d'appelés à la *bonorum possessio unde liberi* que les *heredes sui* ou ceux qui avaient cessé de l'être en vertu d'une émancipation que le droit prétorien ne reconnaissait pas.» Or les enfants issus du concubinat n'ont jamais été les *heredes sui* de leur père; le préteur n'a donc pas dû les appeler comme *liberi* à la possession de biens de ce dernier.

Reste la *bonorum possessio unde cognati*. Était-elle accordée à l'enfant naturel? Pourquoi non! La cognation résulte de la parenté naturelle, du lien du sang, et du moment qu'il a un *pater certus* il faut bien admettre qu'il a des droits sur la succession du père. On peut lui refuser les droits de l'agnation, rien de plus juste; mais on ne peut lui contester la qualité de cognat.

Ceci admis, nous adoptons l'opinion ainsi formulée par M. ORTOLAN: «Les enfants nés du concubinat ayant un père certain étaient unis indubitablement par les liens du sang, non-seulement à leur mère, mais encore au père et aux parents paternels. Le texte ne nous dit pas, ici ni ailleurs, s'ils étaient appelés par le préteur au rang des cognats dans la succession des parents paternels, mais l'affirmative est hors de doute» (ORTOLAN, *Exp. hist. des Inst.*, tome 3, page 61).

Nous sommes persuadés avec l'éminent professeur que la cognation existait entre la famille paternelle et l'enfant né du concubinat. Ce n'est nullement contraire au principe qui, plaçant cet enfant au dehors de la famille civile, le soustrait à la *patria potestas*, et lui enlève les droits d'agnation. On peut, sans faire partie de cette famille de convention, compter dans la famille naturelle, et y avoir des droits résultant d'une parenté incontestable.

Cette possession de biens *unde cognati* fut rarement accordée aux enfants naturels : il fallait pour cela qu'il n'y eût point de parents agnats ; ce qui ne devait arriver que dans des circonstances anormales. La position des enfants issus du concubinat était donc excessivement précaire ; le plus souvent des héritiers éloignés venaient faire acte d'addition et leur enlevait toute espèce de droit. Il fallait remédier à cet état de choses ; Justinien s'en chargea.

Dès la première année de son règne (528), il donna aux enfants nés du concubinat des droits d'hérédité *ab intestat* sur le patrimoine de leurs pères, par préférence à certains agnats. «Soyons cléments, dit-il, et concédons quelque chose aux affections naturelles. Chaque jour, des enfants désolés viennent nous assaillir de leurs plaintes et de leurs prières ; chaque jour, nous leur accordons quelque grâce ; mais nous en rougissons, car la loi ne le permet pas. *Sed quia non hoc cum lege agimus erubescimus.*» (Novelle 18, ch. 5).

On se demandait, avant tout, si le père avait, en mourant, soit une épouse, soit des enfants légitimes ; ou bien s'il ne laissait que des agnats ? C'était là une question bien importante pour l'enfant naturel.

Quand le père laissait soit une épouse, soit des enfants légitimes, le *liber naturalis* n'avait aucun droit sur sa succession et ne pouvait réclamer que des aliments. *Si quis autem (oportet enim per omnem viam subtilitatem simulque pietatem transire) habens filios legitimos relinquat et naturales, ab intestato quidem, nihil eis existere omnino volumus; pasci vero naturales a legitimis sancimus, ut decet eos secundum substantiæ mensuram a bono viro arbitratam.* (Novelle 89, ch. 12, § 6).

Si le père naturel mourait sans laisser ni épouse, ni descendants légitimes, les enfants naturels recueillaient deux onces, le sixième de la succession. *Tunc enim damus eis ab intestato ad duas uncias vocationem.* (Novelle 89, ch. 12, §4.) Lorsqu'ils recueillaient la portion qui leur était accordée au préjudice des agnats, ils devaient appeler leur mère, si elle vivait encore, à concourir pour une part virile. Mais Justinien qui ne voulait par encourager les mauvaises mœurs déclara que cette faveur ne serait accordée qu'aux enfants naturels non-seulement issus du concubinat, mais encore dont le père n'aurait entretenu, à la fois, qu'une seule concubine avec laquelle il aurait honorablement vécu. C'était se donner beaucoup de peine pour se borner à rappeler les conditions essentielles du concubinat: on pouvait avoir, d'après la loi, plusieurs concubines successivement, mais non simultanément. En effet, contracter en même temps plusieurs unions passagères, avoir conjointement plusieurs *indiscretæ mulieres* et parer celles-ci du titre de concubines, ce n'était pas, en vérité, en faire des concubines. Il y avait là, l'image d'un concubinat, mais non un concubinat véritable; les enfants nés de pareilles unions n'étaient pas des *liberi naturales*, mais des *spurii*, des *vulgo quæsiti*. Aussi cette restriction faite par l'empereur ne signifie rien d'autre si ce n'est que ces droits de succession appartiennent aux seuls enfants naturels, et jamais aux *spurii*, enfants qui n'ont pas de père avoué. *Et hæc dicimus, si uni concubinæ cohabitaverit, et filios ex ea habuerit aut præcedente concubinæ morte forsan aut divisione, filii domi sint : tunc enim damus eis ab intestato duarum unciarum successionem — Sin autem confusa concupiscentia ita fiat, ut alias superinducat priori concubinas, et multitudinem habeat concubinarum fornicantium (sic enim dicere melius est) et ex eis filios faciens moriatur, multas simul relinquens concubinas, odibilis quidem nobis est iste : procul autem omnibus modis ab hac lege expellatur.* (Novelle 18 ch. 5.) Ce privilége accordé aux enfants du premier degré fut confirmé par la Novelle 89 ; mais une Constitution de 530, que nous avons rapportée plus haut, à l'occasion de la succession testamentaire, déclara formellement qu'il ne devait pas être étendu aux descendants naturels d'un degré inférieur. (Const. 12, C. de natur. lib. 5, 27.) Aucun droit, à partir de ce moment, ne fut concédé aux enfants naturels sur les biens de leurs ascendants paternels ; et la successibilité, à titre de petit-fils ou de neveu, dans la ligne paternelle, leur fut déniée.

Ainsi, en résumé, l'infériorité native de l'enfant naturel ne disparaît ou ne diminue que quand le père use de son droit de disposer ; quand celui-ci néglige de pourvoir au sort du *liber naturalis* et meurt *intestat*, cet enfant n'est pas exclu entièrement, mais il n'est admis à la succession qu'on de certaines conditions et pour une part très-faible.

CHAPITRE III.

De la légitime.

Les enfants naturels avaient-ils une légitime dans la succession de leur père? Aucun texte, que nous connaissons, ne tranche explicitement la question.

La plupart des auteurs pensent que le père peut exhéréder ou omettre dans son testament ses enfants naturels, sans que ceux-ci puissent taxer le testament d'inofficiosité: d'après leur opinion, ces enfants n'avaient pas de légitime (HOTMAN, *Disp. de spur. et legit.*, ch. 3. — PÉRÉZE, tit. 27, liv. 5, Cod.). La légitime, disent-ils, n'appartient qu'aux héritiers investis du droit d'intenter une *querela inofficiosi testamenti*. Ce droit, les enfants naturels ne l'ont pas, car leur père ne peut avoir manqué à un devoir d'affection envers eux, lui à qui la loi défend, dans certains cas, de leur donner plus d'un douzième de ses biens. Quand il leur laisse valablement quelque chose, c'est en vertu d'une tolérance de la loi. Il peut, il ne doit pas. Cet argument est-il sérieux? Nous ne le pensons pas. Oui, il est vrai que les Constitutions 2 et 5, *C. de natur. lib.* (5,27), les Novelles 18 et 89, la loi 29, D. (5,2), textes sur lesquels s'appuient ces auteurs, se servent de termes non impératifs, *pater habeat potestatem.... permittimus patri*. Peut-on, pour cela, en déduire que ces lois se bornent à permettre au père, par des considérations d'humanité, de laisser une certaine partie de ses biens à ses enfants naturels? Nullement. Si ces expressions ne sont que facultatives, elles ont trait à la part la plus grande, à la latitude du droit, elles ne contiennent pas forcément la négation d'une quotité obligatoire.

On allègue encore le § 4, du ch. 12 de la Novelle 89, le texte même sur lequel les enfants naturels fondent leur droit de succession *ab intestat* et qui détermine les conditions dans lesquelles ce droit s'ouvre pour eux : point de descendants, point d'épouse suivante, mort sans avoir disposé de ses biens, *si moriatur non disponens de substantia sua*. Si le père, au contraire, meurt *disposita substantia*, la loi n'est plus applicable, soutient-on. Non sans doute ; car, ou bien le testament instituera ou avantagera les enfants naturels, ou bien il ne leur donnera rien. Pourront-ils réclamer dans ce cas? La loi n'en dit rien ; les expressions *non disponens de substantia sua* sont précisément synonymes de *intestatus* et excluent, par conséquent, l'hypothèse d'une exhérédation.

Les raisons de ces jurisconsultes sont faibles et leur système trop général. Il faut soigneusement distinguer entre les diverses époques. Avant les lois *Julia et Papia Poppæa*, les enfants *ex concubinatu quæsiti* étaient considérés comme n'ayant pas de père certain, et n'avaient par suite aucun droit à la succession de leur auteur. A partir de ces lois, ils ont un père certain. Si celui-ci les omet dans son testament, il manque envers eux à l'*officium pietatis*, il fait preuve de cette malveillance dont on se préoccupait exclusivement pour justifier la *querela inofficiosi testamenti*. Ils auraient donc pu intenter cette *querela*, mais dans le cas seulement, bien entendu, où *ab intestat* ils eussent dû avoir quelque chose, en d'autres termes, dans le cas où, par la *bonorum possessio unde cognati* qui leur appartenait, ils auraient été appelés en premier ordre. Autant vaut dire, selon nous, que dans ce cas ils ont une légitime. Sous Constantin et ses successeurs jusqu'à Gratien, Valens et Valentinien, ces enfants ne peuvent plus rien tenir de leur père ; de son côté, le préteur ne se permet pas de les protéger. Ils ne sont évidemment plus des légitimaires. Ils ne le sont pas davantage sous Valens, ses collègues et ses successeurs, qui, tout en autorisant le père à laisser par testament quelque chose à ses enfants naturels, n'accordèrent cependant aucun droit *ab intestat* à ces derniers. Mais quand Justinien, cessant de les sacrifier tout à fait, leur eût restitué, pour le cas du moins où ils n'étaient pas en présence d'enfants légitimes, ou de l'*uxor* du défunt, des droits de succession *ab intestat*, il devient rationnel d'admettre qu'ils eurent une légitime. Mais si la présence d'enfants légitimes ou d'une *uxor* du testateur leur enlevait toute vocation à l'hérédité paternelle, ils ne pouvaient avoir de réserve.

Qu'est-ce donc, en vérité, que ce droit *ab intestat* de l'enfant naturel, sinon une intervention de la loi destinée à modérer l'effet de la mauvaise volonté du père à l'égard de son enfant? Ce que les Romains avaient le plus à cœur, on le sait, c'était d'user de ce large droit de tester que consacraient les lois. Disposer soi-même de ses biens, c'était leur plus cher privilége, et c'était la règle générale; mourir *ab intestat* était l'exception. Le père naturel pouvait léguer à son fils la moitié, et à défaut d'ascendants, la totalité de son patrimoine. Si donc il ne testait pas en faveur de ce fils, il y avait présomption de mauvaise intention de sa part, si bien que la loi, en appelant l'enfant naturel à prendre deux onces dans la succession *ab intestat*, l'appelait malgré le père, et contrecarrait son intention, suffisamment manifestée par l'absence de testament. Pour l'enfant naturel, c'ét-it en quelque sorte hériter malgré la volonté du père. Son droit *ab intestat* renferme donc en germe et logiquement l'idée d'une légitime.

Que dirons-nous de plus ! il y a au Code une Constitution qui renferme des dispositions assez précises, assez formelles. La Constitution 12. *C. de natur. lib.* (5,27) ne porte-t-elle pas que les enfants naturels n'ont pas de légitime, *legitimum jus*, à l'égard de leurs ascendants paternels? Cette négation expresse quant aux ascendants ne renferme-t-elle pas une affirmation virtuelle quant au père? Pourquoi, d'ailleurs, la loi eût-elle pris soin d'exprimer ce refus presque surabondant, puisqu'aucune parenté utile ne liait l'ascendant et le petit-fils naturel, si la légitime du fils naturel à l'égard de son père n'eût été présente à son esprit, et si elle n'eût craint que son silence ne fût interprété comme une assimilation, en cette matière, de l'ascendant au père naturel?

Cette légitime des enfants naturels se calcule, en procédant par analogie, de la même manière que celle des enfants légitimes. (Novelle 18, ch. 1.) Si les enfants naturels ne sont pas plus de quatre, leur légitime sera du tiers des deux onces qui formerait leur part *ab intestat*; s'ils sont plus de quatre, elle sera de la moitié de cette même part.

SECTION TROISIÈME.

DROITS DES ENFANTS ILLÉGITIMES SUR LA SUCCESSION MATERNELLE.

CHAPITRE Ier

Succession ab intestat.

Après avoir expliqué quelle était la disposition des lois romaines au sujet des enfants naturels, *ex concubinatu nati*, par rapport à ce qu'ils pouvaient prétendre dans la succession de leur père, il faut rechercher ce que ces *liberi naturales* maintenant en communauté d'intérêts avec les *spurii* ou *vulgo concepti*, autres enfants nés hors mariage, pouvaient espérer du bien de leur mère, et distinguer sur cela les différents temps de la république.

La loi des Douze-Tables n'appelait à succéder que les *heredes sui*, les agnats et les *gentiles*. Tant que ses principes furent en vigueur, les enfants de la concubine, *liberi naturales*, et les enfants conçus au hasard, *vulgo quæsiti*, n'eurent évidemment aucune aptitude à la succession de leur mère. Ils n'étaient pas ses *heredes sui* (les femmes n'ont pas de pareils héritiers), ils n'étaient pas ses agnats (l'agnation ne s'établit que par les mâles), ils n'étaient pas ses *gentiles* pour une foule de raisons dont l'examen n'est pas de notre sujet.

D'après ce droit peu sentimental, ils étaient aussi

étrangers à leur mère, que si aucun bien ne les eût rattachés à elle. Mais notons qu'il en était de même des enfants nés d'un *matrimonium justum*, quand leur mère n'était pas devenue leur agnate au moyen d'une *conventio in manum mariti*. Heureusement le préteur modifia cette rigueur du droit primitif. Comme le droit ancien, il reconnut trois ordres d'héritiers *ab intestat*, l'ordre des *liberi*, celui des *legitimi* et celui des cognats; dans ce dernier entrèrent toutes les personnes du même sang. Les enfants légitimes, les *liberi naturales*, les *vulgo quæsiti* trouvèrent naturellement place dans cet ordre et purent par la possession de biens *unde cognati* arriver à la succession de leur mère. *Hac parte proconsul naturali æquitate motus omnibus cognatis promittit bonorum possessionem quos sanguinis ratio vocat ad hæreditatem, licet jure civili deficiant; itaque vulgo quaesiti matris, et mater talium liberorum, et ipsi fratres inter se ex parte bonorum possessionem petere possunt, quia sunt invicem sibi cognati. (L. 2. D. unde cognati,* 38, 8.)

Cet état de choses dura assez longtemps, car ce ne fut que plusieurs années après le *Sénatus-consulte Tertullien*, que parut le *Sénatus-consulte Orphitien*. Le premier appelait la mère à la succession de ses enfants, le second appela les enfants à la succession de leur mère. Le *Sénatus-consulte Orphitien* reconnut comme héritiers légitimes de leur mère et comme devant lui succéder, non plus après tous les agnats, mais au premier rang, ses enfants légitimes ou naturels. (S. 3 *Inst. de S. C. Orphit.* (III, 4) — L. 5. C. *ad S. C. Orphit.* (6,57.)). C'était donner satisfaction aux voeux de la nature, c'était établir un ordre successoral fondé sur la parenté naturelle, c'était enfin ne tenir aucun compte des fictions du droit civil. On mit sur la même ligne, les enfants illégitimes et les enfants nés des justes noces, en leur accordant des droits égaux, sans tenir compte de l'inégalité de leur naissance. Pour analyser ce *Sénatus-consulte* nous n'avons pas de différence à faire entre les uns et les autres. Une femme mariée laissait-elle en mourant deux enfants issus de son mariage, un enfant conçu au hasard, et un enfant né du concubinat, chacun d'eux recueillait le quart de ses biens.

Sans être *heredes sui* de leur mère (une femme ne peut avoir d'héritiers de cet ordre), les enfants lui en tinrent lieu, ainsi que le remarque fort bien M. Ortolan (*Expl. Hist. des Inst.*, tome 3, page 57.). Ils venaient avant tout autre, même avant le père et la mère de la défunte, quoique la mère eût pour elle le *Sénatus-consulte Tertullien*, qui lui conférait la succession de sa fille. La prééminence du *Sénatus-consulte Orphitien* sur le *Sénatus-consulte Tertullien*, fut établie par des Constitutions impériales, entre lesquelles notamment celles des empereurs Valentinien, Théodose et Gratien. (L. 1 et 4, C. *ad S. C. Orphil.* (6, 57.))

Le *Sénatus-consulte Orphitien* n'avait rien dit des petits enfants de la défunte, il ne les avait pas habilités à recueillir la succession de leur grand'mère : c'était là une lacune que les empereurs Valentinien, Théodose et Arcadius firent disparaître. *Sed cum ex hoc Sénatus-consulto nepotes ad aviæ successionem legitimo jure non vocabantur, postea hoc Constitutionibus principalibus emendatum est, ut ad similitudinem filiorum filiarumque et nepotes et neptes vocentur.* (S. 1 Inst. de *S. C. Orph.* (III, 4.) — (L. 9, C. *de suis et legit.* (6, 55.) — (L. 4, C. *Theod. de legit. hered.* (5, 1.).

Dès lors, les petits-fils et petites-filles purent succéder

comme les fils et les filles. C'est ce qui a permis à VOET d'enseigner que les enfants nés du concubinat et les *spurii* représentaient leur mère et venaient prendre sa place dans la succession de leur aïeule ; en effet ajoute-t-il, la qualité de l'enfant est indifférente dans la ligne maternelle. (L. 4 et 8. *D. unde cognati.* (38,8.).

Ce que ces textes disent de l'aïeule maternelle, il faut le dire également de l'aïeul et des ascendants maternels en général ; *eadem ratio est.* La cognation enfin exerce encore ses effets dans la succession des collatéraux maternels ; toutefois il faut appliquer ici la disposition du §. 5 des Inst. *de succ. cognat.* (III, 5.) qui ne donne la possession de biens que jusqu'au sixième degré de cognation, et exceptionnellement, *ex septimo, a sobrino sobrinaque nato natæve. Eadem ratione nec inter se quidem possunt videri consanguinei esse, quia consanguinitatis jus species est adgnationis; tantum igitur cognati sunt sibi sicut et matris cognatis. Itaque omnibus istis ea parte competit bonorum possessio, qua proximitatis nomine cognati vocantur.* (S. 4, Inst. *de succ. cognat.* (III, 5.)). *Si spurius,* ajoute ULPIEN. (L. 4. D. *unde cognati.* (38,8)) *intestato decesserit, jure consanguinitatis aut adgnationis hereditas ejus ad nullum pertinet: quia consanguinitatis itemque adgnationis jura a patre oriuntur ; proximitatis autem nomine mater ejus aut frater eadem matre natus, bonorum possessionem ejus ex Edicto petere poteste.* La loi 2 du même titre, que nous avons citée un peu plus haut, est aussi formelle en ce qui touche la succession des frères et sœurs. Sous ce rapport, il n'y a aucune distinction à faire entre les enfants légitimes, les *liberi naturales*, les *spurii;* tous ceux qui héritent de leur mère sont héritiers, *jure cognationis*, de tous les enfants de leur mère; un *spurius* hérite des enfants légitimes des *liberi naturales*, et réciproquement, car ils ont tous le même titre, *idem uterus, sanguinis ratio*.

Ce droit de succession s'exerce non-seulement quand le défunt est mort *intestat*, mais aussi *contra tabulas testamenti*, quand il s'agit d'un ascendant; car la légitime appartient d'une façon générale à la cognation descendante.

Cela posé, nous pouvons conclure, en nous appuyant sur les textes des *Institutes* et du *Digeste*, que tous les enfants sans exception; succèdent à leur mère, pour la même part que, l'enfant légitime, et qu'il n'y a aucune distinction à faire entre les *liberi naturales* et les *spurii*. Que dirons-nous des enfants incestueux et adultérins, *incestuosi, adulterini?* auront-ils, eux aussi, un pareil droit à exercer? Mais oui, s'ils sont des *vulgo quœsiti*, des *spurii*, des enfants conçus au hasard. *Vulgo concepti*, remarque MODESTIN (L. 23, *D. de statu hominum* (1,5.) *dicuntur qui patrem demonstrare non possunt, vel qui possunt quidem sed eum habent quem habere non licet, qui et* SPURII *appellantur*. Or, quels sont les enfants auxquels peut convenir la définition de MODESTIN? ce sont les enfants qui, nés d'un concubinat défendu pour cause de parenté ou d'union précédente ou issus d'un mariage qu'une cause semblable rendait nul, ne sont pas admis à arguer de ce mariage ou de ce concubinat, base théorique de la paternité, pour prouver une paternité que la loi flétrit et rejette comme illicite. Qui dit *spurii*, comprend, par conséquent, les enfants incestueux et adultérins.

En un mot, d'après le droit des *Institutes* et du *Digeste*, dans leurs rapports avec leur mère et sa famille, les *vulgo concepti* ou *spurii* n'étaient pas autrement traités que les enfants nés de justes noces.

Tel était le premier état de la législation, sous JUSTINIEN. Le droit nouveau va sans doute apporter quelques changements au droit antérieur, mais il n'entraînera pas, selon nous, une modification absolue, l'exclusion des *spurii* en général. Toutes les difficultés auxquelles donnent naissance les dispositions du Code et des Novelles peuvent se ramener à deux points principaux, la qualité de l'enfant né hors mariage, et la qualité de la mère.

Le grand principe qui domine cette matière est, comme nous l'avons vu, l'égalité devant la mère de tous les enfants, sans distinction. Ce principe subsistera encore, mais, d'après les textes que nous nous proposons d'analyser, il souffrira deux exceptions. C'est là, en résumé, la modification résultant du travail combiné du Code et des Novelles.

PREMIÈRE EXCEPTION. — Sont inhabiles à succéder à leur mère, tous les enfants nés d'unions criminelles et réprimées; *qui ex damnato sunt coitu, omni prorsus beneficio secludantur.* Que faut-il entendre par cette expression : enfants nés d'unions criminelles et réprimés, *ex nefariis aut incestis, aut damnatis complexibus nati?* Ici se place la controverse.

La loi prononce la déchéance de tous les *spurii*, disent certains auteurs ; elle n'a trait, d'après d'autres, qu'aux enfants incestueux, *incestuosi* ; enfin d'après un dernier système, elle comprend dans ses dispositions les enfants nés de l'adultère, de l'inceste et du *stuprum.*

Études ces différents systèmes. Plusieurs auteurs pensent que le Code et les Novelles ont entendu exclure tous les *spurii*; pour motiver cette exclusion, ils s'appuient sur différents textes que nous citerons. Un premier texte est celui-ci : *eos enim, qui semel ex odilibus nobis et propterea prohibitis nuptiis procedunt, neque naturales vocari, neque participanda eis ulla clementia est.* (Novelle 74, 6.) Ils invoquent également la Novelle 89, 15 : *omnis qui e complexibus (non enim hoc vocamus nuptias,) aut nefariis, aut incestis, aut damnatis processerit, iste neque naturalis nominatur, neque alendus est a parentibus.*

Voyons si l'on peut trouver, dans ces textes, un principe absolu d'exclusion pour tous les enfants nés d'un commerce défendu. Ces textes renferment-ils, à vrai dire, une seule disposition, un seul mot qui ait quelque rapport avec les enfants sans père, avec ces *spurii* que la loi assimile quant à la mère aux enfants du concubinat et même aux enfants du mariage ? Les Novelles, que l'on indique, ont pour but d'empêcher les enfants nés de mariages incestueux d'hériter de leurs parents ou de réclamer d'eux des aliments. Ce sont là des unions particulièrement odieuses à Justinien et que cet empereur poursuit partout de ses rigueurs. Mais, nous nous le demandons, peut-on confondre les enfants incestueux et les enfants nés hors de tout mariage? Nullement ! Cela est inadmissible, cela est impossible à justifier. L'enfant conçu au hasard, *spurius*, ne peut être incestueux, il n'a pas de père.

D'ailleurs une simple considération suffit à repousser ce système trop absolu. Jetons les yeux sur la Constitution 5. (C. *ad. S. C. Orphit.* 6,57). Cette Constitution, que nous examinerons plus tard, interdit aux *spurii* de recueillir aucun bien dans la succession de la *mater illustris,* quand celle-ci laisse des enfants légitimes ; elle ne le leur interdit pas quand la mère décède sans enfants légitimes; à plus forte raison, conservent-ils leurs droits entiers, quand la mère n'appartient pas à la classe des *illustres*, et les exercent-ils même en concours avec des enfants légitimes, puisque ce concours n'est prohibé que dans l'hypothèse toute spéciale où se place cette Constitution.

Écartons donc ce premier système qui est trop absolu, et recherchons quels sont, parmi les *spurii*, les enfants que la loi a voulu frapper. Restons dans les proportions véritables des modifications subies par le droit du Digeste. Le second système, qui pèche par un excès contraire, prétend que l'exception apportée au principe de la successibilité des enfants illégitimes à l'égard de leur mère, ne concerne que les enfants d'un mariage ou d'un concubinat contracté au degré prohibé, en un mot, les enfants incestueux.

Les enfants incestueux furent pendant longtemps compris au rang des simples *spurii*. Les empereurs Arcadius et Honorius firent cesser cette confusion. Voici à quelle occasion ils introduisirent leur réforme. Dans l'ancien droit, aucune cérémonie n'était exigée pour la célébration et la validité du mariage; de telle sorte que si deux personnes, séparées par un obstacle légal, vivaient maritalement, elles ni leurs héritiers ne pouvaient, en aucun cas, soutenir qu'il y avait eu mariage entre elles; tous les intéressés étaient admis à faire valoir l'empêchement civil. Mais quand le christianisme eût confondu dans le mariage le sacrement et le contrat, qu'il eût introduit des cérémonies pour former et rendre indissolubles les liens qui unissaient les deux époux, si, malgré l'existence d'un empêchement légal, deux personnes étaient parvenues à contracter mariage et à recevoir la bénédiction nuptiale, quelque fût cet empêchement, le mariage existait et ne pouvait être anéanti. Le législateur, qui s'inclinait devant la loi chrétienne, ne pouvait faire qu'une chose : ne pas attacher aux unions de cette nature les effets civils qu'il faisait produire au mariage et punir ceux qui les avaient témérairement contractées. Valentinien, le premier, était entré dans cette voie, en prononçant la nullité des conventions matrimoniales passées entre les époux, et la confiscation de tout ce qu'ils se seraient mutuellement donné. Ce fut dans la même pensée qu'Arcadius et Honorius promulguèrent leur Constitution. Cette Constitution ne se contenta pas d'assimiler les enfants nés du mariage de deux personnes parentes à un degré prohibé aux enfants nés d'une union illicite et de les frapper de la même incapacité : elle leur défendit de rien recevoir de leur père et même de leur mère, soit entre vifs, soit par testament, directement ou indirectement, même à titre d'aliments, ou à défaut d'héritiers légitimes, et de se présenter *ab intestat* pour demander au Préteur l'envoi en possession *unde cognati*. Pour être plus certains que ces rigoureuses prescriptions fussent obéies, les empereurs déterminèrent quels parents légitimes pourraient recueillir *ab intestat* la succession des époux coupables, interdisant à ceux-ci, s'il voulaient faire un testament, de prendre d'autres personnes pour héritiers ou pour légataires ; à défaut de ces parents, ou si ces parents s'étaient rendus complices du mariage, le fisc devait s'emparer de la succession. Cette Constitution ne s'appliquait pas encore à tous les enfants incestueux ; elle n'en frappait qu'un petit nombre, ceux dont les parents étaient, par ruse et par fraude, parvenus à contracter un mariage repoussé par la loi ; mais son importance fut extrême ; elle contenait en germe un principe qui, sous Justinien, devait dominer la législation romaine et faire parmi les enfants illégitimes deux classes, les protégés et les proscrits.

Justinien bannit de la famille tous les enfants incestueux, et leur enleva jusqu'aux derniers vestiges d'un droit. C'était bouleverser la classe des *spurii* ; c'était déroger manifestement aux lois antérieures ; c'était enfin annoncer une innovation qui devait frapper certains enfants d'une incapacité absolue et même les empêcher de réclamer les secours que la nature commandait de leur accorder. *Pro incestis nuptiis dudum scriptas ab imperatoribus leges non perfecte habere judicamus ; quæ eos quidem, qui incestis copulantur nuptiis, impunitos sinunt ; ex iis autem procedentem sobolem, utique inculpabilem existentem, privant rebus patris, ut necessitas sit eos quidem qui peccant, sine reatu esse ; eos autem, qui innoxii sunt, tanquam peccantes puniri.* (Novelle 12, *præfatio.)*

D'après la Constitution d'Arcadius et d'Honorius, quiconque avait contracté un mariage incestueux, sans perdre pendant sa vie la libre disposition de ses biens ne pouvait rien donner aux enfants qui en étaient issus, ni entre vifs ni par testament. Jusqu'ici rien de particulier, mais ce qui suit prouve que l'exclusion de ces enfants est la conséquence bien moins d'une incapacité personnelle de recevoir que de l'incapacité de tester qui frappe les parents à titre de peine. Nous citerons textuellement : *Testamento suo extraneis nihil relinquat ; sed (sive testato, sive intestato) legibus ei et jure succedant, si qui forte ex justo et legitimo matrimonio editi fuerint:*

hoc est, de descendentibus filius, filia, nepos, neptis, pronepos, proneptis : de ascendentibus autem pater, mater, avus, avia; de latere, frater, soror, patruus, amita. (Const. 6. C. *de incest. et inut. nupt.* 5,5). Incapacité absolue de tester, soit en faveur de l'enfant, soit en faveur d'un étranger ; lors du décès, deshérence complète et attribution des biens au fisc, à moins que l'une des personnes dont nous avons reproduit l'énumération, ne se trouve survivre au défunt. Ce caractère est plus frappant, cette déchéance des père et mère est plus rigoureuse encore dans la Novelle 12. Ce n'est plus à leur décès, c'est immédiatement que la confiscation frappe leur patrimoine. Si la personne condamnée avait des enfants légitimes ; ceux-ci cependant pouvaient réclamer au fisc les biens de leur auteur, de la puissance duquel ils sortaient aussitôt.

De ce que la loi enlève aux enfants incestueux toute espèce de droits aux soins et aux biens de leurs parents, faut-il en conclure que ce sont les seuls enfants qu'elle a voulu comprendre sous la désignation d'enfants nés d'un commerce criminel et réprimé ? C'est là l'opinion de Cujas et de bien d'autres. *Hæc Novella,* nous dit Cujus *(ad Nov. 12), nuptias naturæ contrarias promiscue appellat incestas, nefarias, damnatas, uno facinore notato variis appellationibus.* La généralité des termes employés par les Novelles 12, 74 et 80 repousse cette interpretation : ces épithètes indignées caractérisent et flétrissent, chacune, une union distincte, ou criminelle, ou réprimée, ou maudite. Ce qui démontre surabondamment que les enfants incestueux ne sont pas particulièrement victimes d'une proscription, c'est que les titres mêmes des lois invoquées parlent encore d'autres unions. Ainsi le titre 5 du livre 5 du Code traite : *de incestis et inutilibus nuptiis*; la Novelle 12 porte : de *incestis et nefariis nuptiis*. Eh ! quoi le droit romain ordinairement sobre de descriptions et de redites aurait réservé ses outrages les plus sanglants pour les enfants incestueux ! le nom *d'incestuosus* ne pouvait donner lieu à aucune équivoque; pourquoi alors, toutes ces dénominations : *ex complexibus aut nefariis, aut incestis, aut damnatis nati?* pourquoi encore cette qualification des unions criminelles et réprimées *illicitæ et contrariæ naturæ nuptiæ?* Le second système ne peut donc se soutenir.

Quant à nous, nous adoptons, sans réserves, le troisième système. D'après cette opinion, les unions criminelles, réprimées et maudites, étaient l'inceste, l'adultère et le *stuprum*. Quel était, en effet, le but de Justinien? Il voulait corriger les mauvaises mœurs, et faire une guerre acharnée à tous les fléaux de la famille. Or, ces fléaux sont bien, l'inceste, l'adultère, le *stuprum*.

L'inceste, nous venons de le voir, est la *maris ac feminæ conjunctio*, entre personnes parentes au degré prohibé : un tel commerce ne pouvait constituer ni un *matrimonium justum*, ni un concubinat.

Le mot *stuprum*, pris dans un sens très-général, signifie toute espèce de rapports sexuels en dehors du mariage, du concubinat et du *contubernium*. Pris dans un sens plus restreint, il sert à désigner le fait d'avoir séduit ou violenté une fille ou une veuve honnête. Le mot *struprum* désigne donc le viol, l'enlèvement et la séduction. La loi *Julia de adulteriis* avait pour le séducteur des peines différentes, selon qu'il était d'une condition élevée ou d'une basse extraction. Dans le premier cas, elle confisquait la moitié de sa fortune; dans le second elle le soumettait à une peine corporelle et à la rélégation (§ 4. Inst. IV. 18). Dans le code de Théodose, on trouve sur le rapt et le viol une suite de Constitutions émanées des empereurs Constantin, Constance, Jovien et Majorien. Elles forment un système de répression reproduit par Justinien, et suivant lequel devaient être punis de mort le ravisseur et ses complices, leurs biens attribués à la victime du rapt, si elle était ingénue, au fisc si elle ne l'était pas. (L. 1. C. *de rapt. virg.* 9,13.) — L. 5. D. ad l. *Jul., de vi pub.* (48,6).

On désignait encore sous le nom de *stuprum* ces rapprochements que les empereurs du Bas-Empire ont qualifiés de sacriléges, et qui s'établissaient entre un homme et une femme consacrés à la divinité ou au service des autels. Justinien punit de mort quiconque enlèverait une femme engagée dans les ordres religieux ou monastiques, ou concourrait à son enlèvement. (L. 1. C. *de rapt. virg.* 9.13.) Novelle 123, ch. 43).

De tous les crimes contre la pudeur, l'adultère des femmes fut un de ceux que les Romains traitèrent avec le plus de sévérité. De tout temps, ils punirent l'épouse infidèle et son complice. (AULU-GELLE, *Nuits attiques*, liv. 10, ch. 23. PLAUTE, *les Bacchis*, act. 4, sc 8. — PLAUTE, *Miles gloriosus*, *Argumentum*. — TACITE, *Annales*, liv. 1. ch. 53. — SUETONE, *Les douze Césars*, OCTAVE AUGUSTE, ch. 65. — D. *ad l. Jul., de adult.* (48,5.) — C. *ad l. Jul., de adult.* (9,9.) — PAUL, *Sentent.*, liv. 2, tit. 26. — Novelle 134, ch. 10. — LÉON, Novelle 32.). La femme adultère était mise à mort par son père ou son mari, ou bien elle était déportée dans une île lointaine, et la presque totalité de ses biens confisqués.

La Novelle 89 embrasse, dans sa terrible réprobation,

les enfants nés du *stuprum* de l'inceste, de l'adultère ; elle les déclare indignes de miséricorde, elle les poursuit sans pitié, et les met, pour ainsi dire, hors la loi. Quel est le motif de cette proscription ? C'est que tous ces enfants sont nés, d'unions criminelles, réprimées et maudites, *ex nefariis, aut incestis, aut damnatis complexibus nati*.

DEUXIÈME EXCEPTION. — Une autre dérogation au principe de la successibilité des *spurii* à l'égard de leur mère, fut apportée par la Const. 5. C. ad *S. C. Orphit.* (6,57). D'après cette Constitution les enfants illégitimes d'une femme illustre, *mater illustris*, furent déclarés incapables de rien recevoir d'elle, lorsqu'ils n'étaient pas issus d'un concubinat, et qu'ils se trouvaient en présence d'enfants légitimes. *Sancimus itaque ut neque ex testamento, neque ex liberalitate inter vivos habita, justis liberis existentibus, aliquid penitus ab illustribus matribus ad spurios perveniat: cum in mulieribus ingenuis et illustribus (quibus castitatis observatio præcipuum debitum est) nominari spurios, satis injuriosum, satisque acerbum et nostris temporibus indignum esse judicemus.* (L. 5. *C.ad S. C. Orphit.* (6, 57.) Justinien dédia cette loi à la pudeur elle-même qu'il voulut toujours honorer : *et hanc legem ipsi Pudicitiæ, quam semper colendam censemus, merito dedicamus !*

Le titre d'illustre était attaché aux *majores dignitates*, telles que celles de préfet du prétoire, *præfectus urbis*, *magister militum* : ce titre devint fort commun parmi les Romains, de telle sorte qu'à l'époque de l'empereur Justinien *mater illustris* était en quelque sorte synonyme de *mater ingenua*.

La Constitution 5 ne frappe que les *spurii* et non les *liberi naturales*. *Sin autem concubina liberæ conditionis cons-*

tituta filium vel filiam ex licita consuetudine ab homine libero habita proscreaverit, eos etiam cum legitimis liberis ad materna venire bona, quæ jure legitimo in suo patrimonio possidet, nulla dubitatio est.

Cette exclusion est relative, car si la mère illustre n'a pas laissé d'enfants légitimes, l'interdiction est levée; la présence d'enfants légitimes est la condition formelle de l'exclusion: si cette condition manque, les *spurii* rentrent dans le droit commun.

CHAPITRE II

Succession testamentaire.

Dans l'ancien droit et même dans le droit classique, la femme qui voulait tester était en présence de deux obstacles.

La transmission des droits héréditaires ne s'opérait, dans les temps primitifs, que par un acte législatif; les premiers testaments ne furent que des lois privées par lesquelles le peuple, sur la proposition de chaque citoyen, sanctionnait le choix et la désignation de ses héritiers. Aussi les testaments se faisaient-ils, *calatis comitiis*, c'est-à-dire, dans une assemblée de comices qui, deux fois l'an, se tenait pour cet objet spécial. Pendant la guerre, les citoyens prêts à entrer en campagne n'attendaient pas, comme en temps de paix, l'assemblée des comices; ils testaient *in procinctu*, c'est-à-dire devant l'armée.

Les femmes étaient donc exclues de la faculté de tester; car elles n'étaient pas admises dans l'assemblée.

Lorsque la loi des Douze-Tables, pour donner un moyen plus facile de tester, introduisit une vente de l'hérédité ou du patrimoine que l'on transféra par la mancipation, et créa aussi une troisième espèce de testament *per æs et libram*, l'interdiction subsista pour les femmes, *ingenuæ non manumissæ*. Puis la femme restait en tutelle, toute sa vie; c'était là une seconde difficulté. Cette tutelle était établie, *propter infirmitatem sexus*, nous dit Gaïus; *propter forensium ignorantiam*, nous dit Ulpien, *propter infirmitatem consilii*, suivant Cicéron; et, pour parler plus exactement, elle avait pour fondement l'intérêt des agnats.

Pour tester, il fallait à la femme l'autorisation de son tuteur; car le testament est un *civile negotium* Les lois *Julia et Papia Poppæa* exemptèrent de cette tutelle les femmes qui eurent le *jus liberorum*; la *lex Claudia* en fit sortir toutes les femmes *sui juris*: enfin, soit sous Dioclétien, soit sous Constantin, cette tutelle disparut, sans qu'on puisse fixer à jour certain le moment de sa chute. (Gaïus 1er *Comm.* §. 145 et 187. — Ulpien tit. 11, §. 8., et tit. 20, §. 3. — Paul *Sen Recept* 3, 1, 7. (4.9.)).

A partir de ce moment la femme eut la faction active de testament. Elle put, dès lors, donner, soit entre vifs, soit par testament, à ses *liberi naturales* et aux *spurii* tout ce qu'elle possédait. Nous savons que tous les enfants, sans distinction, étaient égaux devant leur mère, et qu'aucun ne pouvait s'arroger un titre légalement supérieur. En faisant la part des deux exceptions que nous avons développées tout à l'heure, celle des enfants *ex nefariis aut damnatis complexibus nati* et celle des *spurii* de la *mater illustris*, qui ne peuvent pas plus recevoir qu'hériter *ab intestat*; on peut hardiment trancher la question, et dire que le mariage ne donne aucun droit de préférence aux enfants légitimes sur les biens de leur mère, et que la qualité des enfants est indifférente dans la succession maternelle.

Quels qu'ils fussent, les enfants investis de droits héréditaires, ne pouvaient être exhérédés ou omis par le testament de leur mère. En conséquence on leur accordait la *querela inofficiosi testamenti*. (L. 5 et 19. D. *de inof. test.* (5, 2.) — L. 1 et 3. C. *de inof. test.* (3, 28.)

Reconnaître que les enfants illégitimes auraient cette *querela*, c'était reconnaître implicitement qu'ils avaient une légitime dont on ne pouvait les priver sans de justes motifs. Elle était du quart de ce qu'aurait eu l'enfant s'il était venu *ab intestat* à la succession.

TROISIÈME PARTIE.

DROIT CANONIQUE. — ANCIEN DROIT FRANÇAIS. — DROIT INTERMÉDIAIRE.

SECTION PREMIÈRE.

DROIT CANONIQUE.

«Une cause secrète et continue, dit M. WILLEMAIN, répandait la pitié dans l'univers; le monde ne voyait pas la source de ce changement; elle se cachait dans les retraites obscures du christianisme. Rien n'est contagieux comme la piété. Ces bienfaits, ces secours que les chrétiens répandaient furtivement sur les idolâtres, cet amour immense de leurs frères malheureux, ces spectacles de charité qu'ils donnaient sans cesse au monde, ne pouvaient être perdus dans le travail que faisait alors l'intelligence humaine.

«De là s'élevait un sentiment de compassion mutuelle et d'égalité sociale qui dissipait les préjugés féroces de la conquête et de l'esclavage, et désarmait l'orgueil du maître et celui du sage. Le monde païen, dur et corrompu, était insensiblement converti à l'humanité, avant de l'être à la religion. Le stoïcisme de cette époque était nourri de cette tendre compassion, de cette justice indulgente, de cette affection cosmopolite qui respiraient dans la loi chrétienne.»

Cette influence, d'abord incomprise par ceux-même qui la subissaient, était de jour en jour devenue plus manifeste, et s'était fait sentir parmi toutes les classes. Tandis que le paganisme s'écroulait de toutes parts sous le poids de la corruption, que les institutions impériales, avilies et brisées s'en allaient morceau par morceau, au sein de la décadence s'élevait donc et grandissait la société chrétienne. Avant d'être reconnue et acceptée par le pouvoir, elle donnait au monde l'exemple des vertus qu'elle pratiquait. Chez elle, cette philanthropie qui avait inspiré aux philosophes païens de belles paroles, aux jurisconsultes stoïciens d'utiles réformes, animait toutes les intelligences, unissait tous les cœurs, soulageait toutes les infortunes, et s'appelait du nom divin de charité. Tandis que les anciens législateurs, pour arrêter la dégradation du peuple romain, s'étaient contentés de défendre les mésalliances, les croisements de race et le célibat, elle croyait que, pour purifier le sang, il fallait purifier les âmes, et rappeler autour du foyer domestique les antiques vertus rajeunies et transformées par la foi nouvelle. Tous les fléaux de la famille, l'inceste, l'adultère, l'avortement, l'exposition des enfants furent sans cesse combattus, et l'Église fit les plus louables efforts pour moraliser la vie privée.

Le concubinat fut vivement attaqué par les pères de de l'Église : cela est incontestable : mais tant qu'il fut autorisé par la loi civile, il fut toléré par l'Église. Telle est l'interprétation qu'il faut donner à un canon du Concile de Tolède, dont voici le texte : «*Si quis non habet uxorem, et pro uxore concubinam habet, a communione non repellatur, tamen ut unius mulieris, aut, uxoris aut con-*

cubinæ, sit conjunctione contentus.» (1er Concile de TOLÈDE, tenu en 589).

Tout en reconnaissant qu'antérieurement à la Novelle de Léon, saint Ambroise, saint Jérôme et saint Augustin se sont vivement élevés contre le concubinat, néanmoins Thomasius et Hotman pensent que l'Église n'avait pas érigé en loi l'opinion de ces pères, et que ce fut l'empereur Léon, qui le premier interdit l'usage du concubinat.

A ces deux autorités POTHIER vient encore ajouter la sienne. L'illustre jurisconsulte s'exprime ainsi : «Mais lorsqu'un homme, qui n'était pas marié, prenait pour concubine une femme avec qui le droit naturel ne lui défendait pas de s'unir, cette union qu'il contractait avec elle était une union qui était permise, non-seulement par la loi civile, comme nous l'avons vu, mais qui l'était pareillement par l'Église, et qui par conséquent, lorsqu'elle était contractée entre des fidèles, était élevée à la dignité du sacrement, comme l'est un mariage légitime.»

Les recherches du savant auteur de l'*Histoire de la famille en France*, viennent corroborer l'avis de notre grand jurisconsulte. Le Concile de TOLÈDE n'est pas le seul où l'Église ait manifesté sa tolérance. Une décision littéralement identique a été prise au Concile de Mayence en 815. Quatre-vingts ans plus tard, le concile de TRIBUR a donné une nouvelle preuve de la condescendance de l'Église à ce sujet (M. KOENIGSWARTER, *Histoire de l'organisation de la famille en France*, p. 68 et 175).

«L'Église, remarque M. GIRAUD, inflexible en ce qui touche l'esprit et la pratique de la foi, se montra indulgente et patiente en ce qui touche les intérêts, les habitudes invétérées et les préjugés enracinés. Inflexible pour la polygamie, elle fut indulgente pour le concubinat romain.» (M. GIRAUD, *Essai sur l'histoire du droit français au moyen âge*, tome 1, p. 206).

L'abolition du concubinat par l'empereur Léon en Orient ne fut pas, ainsi que nous l'apprend M. TROPLONG, le signal de son abolition par l'Église en Occident. «Le concubinat, dit-il, conserva une grande extension, jusqu'à ce que Léon le philosophe l'abolit en Orient; mais il se prolongea en Occident avec une sorte de recrudescence. Le clergé lui-même s'y livra sans retenue. Il ne fallut rien moins qu'une partie du moyen âge pour le combattre et l'extirper. Il fallut que le pouvoir spirituel, fortement centralisé, s'emparât de la tête de la société et que des hommes d'une volonté énergique, tels que par exemple qu'un Grégoire VII, employassent à cette œuvre réformatrice leur génie et leur ascendant.» (M. TROPLONG, *De l'influence du christianisme sur le droit civil des Romains*, p. 246).

Cependant l'empire romain était tombé, mais son ombre puissante planait encore sur le monde; les barbares accourus pour s'en disputer les lambeaux, s'arrêtaient incertains devant son cadavre; ils n'osaient y porter leurs mains victorieuses; ils semblaient craindre qu'il ne se redressât soudain pour se venger et pour les punir; timides, ils obéissaient à ses lois; curieux, ils adoptaient ses mœurs; grossiers, ils s'enivraient de ses plaisirs faciles et corrupteurs. On eût dit, au sixième siècle, que ces vainqueurs éphémères allaient bientôt périr, écrasés par la chute de leur ennemi vaincu.

La Providence, toutefois, ne devait pas le permettre.

Elle ne les avait chargés de détruire l'état de choses existant alors qu'afin d'en faire les fondateurs de l'ordre nouveau qu'elle voulait établir. L'Église saisit bientôt le secret d'une telle conduite. Voyant ses efforts demeurer stériles pour établir sa doctrine et ses lois au sein de la société romaine, elle comprit qu'un peuple ne peut pas plus qu'un homme se transformer et commencer une vie nouvelle; elle reconnut chez ces nouveaux-nés les signes d'un tempérament robuste et les indices d'un généreux caractère; elle résolut de les prendre sous sa tutelle, de les former à son école et de les arracher aux influences funestes de la corruption romaine.

Protégés par elle, les barbares, surent conserver, au sein du monde conquis, leurs mœurs, leurs lois, leurs institutions; mais aussi dociles à ses enseignements, les adoucir, les corriger, les réformer, les plier en un mot aux préceptes de la morale évangélique. Alors l'influence de l'Église devint incontestable.

Un de ses premiers soins fut d'inspirer aux barbares le respect du mariage et l'amour de la famille. En place d'une société temporaire, fondée sur les intérêts matériels des parties contractantes, et ne reposant que sur leur volonté ou sur leur caprice, elle leur fit accepter une union formée sous ses auspices, bénie par Dieu, indissoluble, et symbolisant, dans un mystérieux sacrement, tous les devoirs du père de famille. Elle leur fit en même temps condamner et proscrire tout commerce illégitime, de quelque nom qu'il fut appelé, de quelque faveur qu'il fut entouré.

Le Concile de Nicée défendit au peuple d'entendre la messe d'un prêtre *quem scit concubinam indubitanter habere, aut subintroductam mulierem.* Le Concile de Trente renouvela cette prohibition et sévit également contre les laïcs vivant en concubinat.

Quoique les dispositions du Concile de Trente aient été adoptées par les Conciles provinciaux, qui dans la suite se tinrent en France, il faut cependant ne pas perdre de vue que dans notre pays ce ne furent pas les dispositions du Concile de Trente qui devinrent la règle sur cette matière, mais celle de la Pragmatique, qui avait adopté le décret du Concile de Bâle, et qui fut elle-même confirmée par le Concordat (DURAND DE MAILLANE, *Dictionnaire du droit canon*, tome 1, page 648).

L'Église qui s'efforçait de détruire le concubinage, frappait d'une réprobation bien plus grande encore l'adultère et l'inceste.

Or la suite nécessaire de ces réformes fut de distinguer les enfants issus du mariage chrétien de ceux que le hasard avait mis au monde. Il n'y eut plus, comme à Rome, les fils de famille, les enfants du concubinat et les enfants de la débauche : il y eut les enfants légitimes, nés dans le mariage, les enfants bâtards, nés hors du mariage.

L'Église avait eu le soin de réserver à sa juridiction propre toutes les questions relatives à l'union conjugale : il lui fut possible de faire accepter les principes nouveaux qu'elle voulait établir. Néanmoins, ce ne fut guère qu'au temps de Charlemagne, lors de la révision de la loi salique, qu'elle put pour la première fois, les faire inscrire dans une loi ; on éloigna de la succession légitime les enfants incestueux, désormais notés d'infamie. Cette règle, reproduite dans le Capitulaire 410 du sixième livre, fut étendue à tous les enfants nés hors mariage par le capitulaire 403 du septième livre (*Collection du moine Benoît*); et bientôt même, pour en assurer l'exécution, il fut défendu aux père et mère de faire aucune libéralité à leur enfant naturel, sans le consentement de leurs héritiers légitimes.

Écoutons, sur ce point, le chancelier d'Aguesseau: «Devant sa légitimation, le chapitre 10, *qui filii sint legitimi*, l'exclut de la succession de son père: il semble que l'esprit du droit canonique est aussi de l'exclure du bien de sa mère; cependant il ne pense pas qu'il y ait un texte précis pour cela.

«Les canons n'ont accordé au bâtard que le droit de demander des aliments, ce qu'ils permettent à tous les bâtards sans distinction, même à ceux qui sont nés d'un commerce criminel, en quoi ils ont corrigé les rigueurs du droit civil; et nous avons adopté, dans notre usage, cette décision, comme beaucoup plus équitable que celle du droit civil.» (d'Aguesseau, *Œuvres*, tome V, *Diss. sur les bât.*, p. 187.)

A l'incapacité de succéder dont elle frappa les batards, l'Église en joignit une autre: elle les déclara indignes d'exercer le ministère ecclésiastique; car elle ne pouvait tolérer aucune souillure dans la personne de ceux qu'elle voulait revêtir d'un tel caractère; *Ut filii præsbyterorum et ceteri ex fornicatione nati ad sacros ordines non promoveantur nisi aut monachi fiant, aut in congregatione canonica regulariter viventes* (Concile de Poitiers (1078) tit. *de fil. præsb., c., ut fil.*) Cette règle fut confirmée par le pape Urbain II en 1008 (Concile de Clermont, canon 9), et par le pape Innocent II en 1139 (Concile de Latran, c. 10, Dist. 86). Le pape Alexandre III, dans une décrétale adressée à l'archevêque de Tours lui prescrit de n'ordonner ni bâtards, ni serfs. «*Consultatione tua taliter respondemus, quod neque spurios neque servos ordinare debes.*»

SECTION DEUXIÈME.

ANCIEN DROIT FRANÇAIS.

Au moment de leur invasion en Gaule, les Francs se subdivisaient en plusieurs tribus, dont les principales étaient celles des Ripuaires et celle des Saliens.

Comme les autres Germains, les Ripuaires désapprouvaient les unions inégales. Seulement moins rudes que leur voisins les Saxons, moins rigoureux que les Visigoths que les Francs allaient bientôt expulser de l'Aquitaine, ils ne condamnaient pas les coupables au dernier supplice, mais décidaient que les enfants suivraient en principe le sort de celui de leurs parents qui avait la pire condition et que tout individu, qui, suivant son sexe, épouserait le serf ou la serve d'un Ripuaire, deviendrait serf ainsi que les enfants qui naîtraient de cette union.

Dans le cas où c'était une femme libre qui s'était unie à un serf, ses parents pouvaient attaquer le mariage. Le roi présentait alors à la femme une épée et une quenouille et la laissait maîtresse de décider de sa position future : si elle prenait l'épée, elle devait tuer son complice : si elle choisissait la quenouille elle devenait esclave. Or, du moment qu'elle était réduite en servitude, ses enfants à naître devaient naturellement suivre sa condition et partager son sort ; il n'y avait là que l'application d'un principe ordinaire. (Loi ripuaire, tit. 58, parag. 11, 15, 16 et 18.)

La loi Salique décidait qu'en s'alliant à un serf du roi ou à un *litus*, la femme ingénue perdrait sa liberté ; qu'un Franc, en épousant une serve, deviendrait serf comme elle. De plus, elle frappait d'une peine pécuniaire toutes les atteintes portées à la morale publique, tous les actes contraires à la pudeur. Enfin elle déclarait infâmes tous ceux qui contractaient des unions criminelles ou défendues, et écartait de la succession de leurs parents les enfants qui en naissaient. (Loi Salique tit, 27, parag. 3. et tit. 22, parag. 1-4.)

En outre, les princes francs, poussés par le clergé, entamèrent la lutte contre le concubinat qui existait encore à l'état d'institution légale dans les provinces autrefois soumises aux Romains. Ils déclarèrent que l'enfant de la concubine n'aurait pas de droit à la succession de son père mort *intestat*, «*Non omnis mulier viro juncta uxor est viri, neque omnis filius hæres est patris ; itaque aliud est uxor, aliud concubina*» (*Capit.*, *lib.* VII, 59).

Ce fut certainement sur les incitations des évêques, et non d'après leurs propres convictions, que ces mesures contre le concubinat furent prises par les princes Francs. La preuve en est dans leurs actes, qui sont en contradiction formelle avec leurs prescriptions.

C'est ainsi, en effet, que nous voyons, dans l'histoire des barbares, Théodorik fils bâtard de Hlodowig Ier, roi des Francks, admis à partager l'héritage paternel avec ses frère Hildebert, Hloter, Haribert.

Grégoire de Tours nous apprend également que le roi Hloter ou Chloter, du vivant de sa femme Ingonde, et sans l'avoir répudiée, épousa la sœur de cette femme qui se nommait Aregonde. Son fils Haribert marcha sur ses traces; quoique marié à Ingoberghe, il prit pour maîtresse Markowefe. Puis, après avoir répudié Ingoberghe, il épousa à sa place Méroflede, sœur de sa maîtresse. «Bientôt, dit AUGUSTIN THIERRY, trouvant qu'une seule femme légitime ne lui suffisait pas, Haribert donna solennellement le titre d'épouse et de reine à une fille nommée Théodehilde. Quelques années après, Méroflede mourut, et le roi se hâta d'épouser sa sœur Markowefe.» (AUGUSTIN THIERRY, *Récits des temps mérovingiens*, page 205.)

Et même, après la révision de la loi Salique sous Charlemagne, nous rencontrons encore, dans le cours du neuvième siècle, Hlodowig et Karloman, fils bâtards de Hlodowig le Bègue, élus rois des Français au détriment de leur frère légitime, Karle le Simple.

Les enfants illégitimes des rois, des princes, et des nobles, échappaient aux dispositions de la loi Salique. Les autres bâtards, soumis à cette vieille règle: «En formariage, le pire emporte le bon», étaient serfs.

Hugues Capet, fit une ordonnance par laquelle il exclut pour jamais les bâtards de la succession du royaume; il défendit qu'on les reconnût dans la famille royale, et voulut même qu'ils ne pussent porter les armes de France, qu'avec une barre.

Il y a bien de l'apparence que la condition des bâtards des princes et des grands du royaume changea dans le même temps, et qu'ils furent pour lors déclarés incapables de succéder à leurs pères; mais les bâtards des personnes du commun, remarque d'Aguesseau, continuèrent, sous la troisième race à être serfs et de même condition que les autres *mainmortables*, comme ils l'étaient sous les deux premières races; en effet, ils payaient le droit de *chevage*, comme les autres serfs de *mainmorte*; ils encouraient comme eux le droit de *formariage*, lorsqu'ils épousaient des femmes qui n'étaient pas de leur condition. (d'AGUESSEAU, *Diss sur les bâtards*, p. 143. — Bacquet, *traité du droit de bâtardise*, ch. 2.

Et ne peut une épave ne le bastard tester ne faire testament, et par icelui disposer de ses biens fors que de cinq sols.

Et ne se peut le bastard marier sans la permission du roi, si ce n'est avec une personne de sa condition, sur et à peine d'encourir le droit de formariage, qui est la confiscation du tiers de tous ses biens. (Procès-verbal de la coutume de Laon. — BOURDOT DE RICHEBOURG. *Nouveau coutumier général: «Li droit et li coustumes de Champaigne et de Brie que li roi Thiebaulx establi.)*

Toutefois ce droit de *formariage* ne pouvait être perçu dans le pays de Beauvoisis: là il suffisait, pour échapper au servage, de prouver qu'on était bâtard. «*La tierce raison, comment cil qui est porsivis de servitude se pot defendre, si est par une cause qui n'est pas cortoise; ne pourquant, noz l'avons plusors fois oy mettre avant en le deffense de celi qui on porsivait de servitude, c'est quand il dit et il veut prouver qu'il est bâtard; et cele prœve fete, il est hors de servitude*» (BEAUMANOIR, *Coutumes du Beauvoisis.)*

Les bâtards, avons-nous dit, étaient généralement serfs. Toute rigoureuse qu'elle est, cette décision n'est pas inexplicable. La plupart du temps, en effet, un des parents de ces malheureux appartenait à la classe des serfs. Or nous savons que l'usage était que l'enfant illégitime devait suivre la condition de celui de ses parents qui avait la moins bonne. Ce fut seulement au temps de Louis IX que cet usage disparut. Il résulte des établissements de saint Louis qu'à cette époque la maxime romaine *partus ventrem sequitur* remplaça le *dicton barbare «En formariage le pire emporte le bon.»* On décida que l'enfant d'une femme libre et d'un serf serait libre comme sa mère. (*Établissements de Saint-Louis, liv. 2, ch. 31*).

Non-seulement dans notre ancienne France le bâtard était serf, mais on l'excluait en outre de la famille, et il ne lui était pas permis de succéder à ses parents. Quelques coutumes cependant n'admettaient pas cela. Telle était celle de Riquebourg-Saint-Vaast, qui fut concédée par une Charte en 1230. Nous y voyons que les enfants naturels succédaient à leur mère comme les enfants légitimes. «*Ly enffant venu de sougnant partiront à l'héritage de leur mère.* » Bouthors, *Recueil des coutumes du baillage d'Amiens, Coutumes de Riquebourg-Saint-Vaast*, art. 22.)

Pour se faire une idée bien exacte de la position des bâtards en France pendant les temps qui se sont écoulés depuis l'avénement de la troisième race jusqu'à la rédaction des Coutumes, nous pensons que le meilleur moyen est celui qui consiste à rechercher et à exposer les principes contenus dans les ouvrages les plus importants sur le droit de cette époque.

Le plus ancien des monuments qui s'offre à nos recherches est un ouvrage intitulé *Assises de Jérusalem.* Cet ouvrage est généralement regardé comme un miroir assez fidèle du droit coutumier français au onzième et douzième siècles.

D'après les assises de la cour des bourgeois, les bâtards sont appelés à la succession de leur mère. «*C'est assavoir que les enfans d'une feme qui a plusiours enfans, desque les uns sont nés estant la femme mariée, qui sont ape-*

lés enfans leaux, et les autres sont nés non estant la dite féme mariée, qui sont apelés enfans bastars: ce ils peuvent hériter as biens de lor dite mère, auci les uns comme les autres sont de son ventre issus et en celle engendrés par home..... et dont tels enfans bastars et avoustres doivent hériter as biens de la mère, la ou il n'i a nulle messonge que ils ne sont enfans de lor mère.» (*Assises de Jérusalem*, Cour des Bourgeois, ch. 60.)

De son côté, le père pouvait disposer en faveur des enfants naturels, de toute sa fortune, s'il n'avait ni enfants légitimes, ni père, ni mère, et même il pouvait les traiter comme s'ils avaient été légitimes, avec l'assentiment de leurs frères légitimes, ou de leurs aïeux. «*S'il avient que uns homs tient une féme qui n'a point de baron en son hostel, ne il n'a point de féme, et gist o luy, et ont enfans, bien recommande la raison et l'asise, que à ces enfans peut-il bien laisser et en sa vie et à sa mort, ces héritages et son avez par dreit, parcequ'il n'en ait autres enfans leaus, ni père ni mère. Mais s'il a autres enfans leaus, ou père ou mère, ne le peut faire, c'il ne les veillent accueillir par leur bone volenté; mais s'il les ja accueillent au frérage, bien pévent puis atant avez l'un frère comme l'autre, par dreit et par l'asise.*» (*Assises de Jérusalem*, Cour des Bourgeois, ch. 78.)

Les établissements de saint Louis nous apprennent que l'enfant né hors mariage n'avait aucun droit sur les biens de ses parents morts intestats, et ce, à cause de l'irrégularité de sa naissance: ces biens passaient aux héritiers légitimes, et à leur défaut au seigneur.» (*Établissements de saint Louis*, liv. 1, ch. 98.)

Le *livre de Justice et de Plet* vient confirmer ce que nous savons des bâtards. Le bâtard, dit le chapitre 8, suit la condition de sa mère : si cette dernière était franche au moment de la conception, ou l'a été à un moment quelconque de la gestation, l'enfant qu'elle mettra au monde sera franc, «*quar*, ajoute le texte, *la chaitiveté de la mère ne doit pas nuire à celi qui est en son ventre.* « (RAPETTI. *Li livres de Jostice et de Plet*, page 81.)

Le *Grand Coutumier de Normandie* porte ce qui suit : «*Les empeschementz d'héritage sont tels : bastardise,...... Tous ceulz sont bastardz qui sont engendrez hors mariage. Bastard ne peut estre héritier d'aulcun héritage...... Len doibt scavoir que aulcun ne peut donner à son fiz bastard aulcune chose de son héritage, ne vendre, ne engaiger, ne mettre en aulcune manière en sa main, que les hoirs ne puissent rappeler dedens l'an et jour que le père sera mort.* » (BOURDOT de RICHEBOURG. *Nouveau coutumier général*, tome 4, *Grand Coutumier de Normandie*, ch. 27 et 36.)

Enfin PHILIPPE de BEAUMANOIR nous fait savoir qu'en Beauvoisis, comme dans toute la France, les enfants illégitimes ne succédaient point à leurs parents, mais qu'ils pouvaient, à titre alimentaire, en recevoir des legs. *Bien sacent tuit cil qui sont bastart et qui bien le sevent, par la connaissance de lor mère ou en autre manière, qu'ils n'ont droit en nul descendement....... Voirs est que en testament pot bien li homs ou le feme laissier à ses enfans bastars, por cause de pitié, aussi comme il ferait a estranges personnes, c'est à savoir de lor muebles ou de lor conquès, ou le quint de l'éritage....... Mais se un homs ou une feme n'a nul enfant loial, mais il a enfans bastars, bien lor pot laissier ses muebles et ses conquès et le quint de son héritage, en tout ou partie, mais s'il muert sans eux laissier aucune coze, ils n'emportent riens ne que ferait uns estranges*» (BEAUMANOIR, *Coutumes de Beauvoisis* tome, 1, ch. 18, art. 10 et 29.)

Lorsque le bâtard mourait à qui appartenait ses biens? Voici comment le chancelier d'AGUESSEAU répond à cette question : «Personne n'ignore que les bâtards et même les aubains roturiers étaient autrefois regardés comme de véritables serfs, à l'exemple de presque tous les roturiers ; que les seigneurs, pendant un certain temps, avaient réduits en servitude, et que les bâtards et les aubains étaient comme les main-mortables, sujets aux droits de chevage et de formariage, incapables, comme eux, d'avoir des héritiers, incapables même de disposer, par testament, au delà de cinq sols ; ils vivaient et ils mouraient comme esclaves ; et parce que les successions des serfs appartenaient, sans difficulté, au seigneur de leur territoire, les seigneurs s'emparèrent des biens des bâtards et des aubains, moins par une suite de l'usurpation qu'ils avaient faite d'une partie de la puissance publique, que par une conséquence du droit de servitude.» *Les Établissements de Saint-Louis* reconnaissent ce droit des seigneurs : «*Quand bastart muert sans hoir de sa fame, toutes ses choses sont à ses saigneurs, à chacun ce qui sera en son fiè ; mès il püet bien prendre ses müebles à s'aumône, et sa fame son doüere, mès il retornera après sa mort aux seignories.*» (*Établissements de Saint-Louis*, livre 1, ch. 97.)

La succession des bâtards, qui dans l'origine, appartint exclusivement au seigneur, commença, au treizième siècle, à se transformer en un droit royal, connu sous nom de *droit de bâtardise*. Le roi se déclara le seigneur de tous les bâtards, qu'ils fussent nés dans ses domaines ou dans ceux des seigneurs qui relevaient de lui. Il se déclara leur héritier et ne permit aux seigneurs de recueillir leur héritage que lorsque le bâtard décédait sur leurs terres. (*Ordonnance de Philippe IV (1301.) — Ordonnance de Louis le Hutin (1315.) — Ordonnance du roi Charles V. — Ordonnance du roi Charles VI (1386).*

A partir de cette époque, le droit de bâtardise devint définitivement un droit royal. « *Au roi,* dit le *Grand Coutumier de France, appartient la succession de tous les bastards, soyent clercs ou laiz, toutefois aucuns haulls justiciers en ont jouy; mais avant qu'ils doivent avoir la succession desdicts bastards, il convient qu'il y ait trois choses concurrentes ensemble. Primo, que les bastards, soyent néz sur leurs terres Secundo, qu'ils y soyent demeurans. Tertio, qu'ils y trespassent.* » (Charondas le Caron, *Le Grand Coustumier de Charles VI.*)

Toutefois, ne l'oublions pas, le roi ou le seigneur ne succédait à l'enfant naturel que dans le cas où ce dernier décédait sans enfants légitimes. « *Item, se bastards ha enfans de loial mariage, ou enfans de ses enfans, eux lui succédent, et ce iceux enfans muerent sans héritiers de leur corps, le seigneur succède et est hoir à iceux enfans, tant que ás héritages venans d'icéluy bastard père à iceux enfans, et non leur mère, quar ils ne sont pas de sa ligne.* » (*Décisions de* Messire Jean Desmares *relatives à la Coutume de la prévôté et vi-comté de Paris.*)

En résumé, à la fin du treizième siècle, les enfants nés hors mariage ne sont plus serfs; ils peuvent recevoir des legs de leurs parents, mais ils ne sont point appelés à leur succession; il leur est défendu de disposer par testament d'une partie de leurs biens.

Chose remarquable! Après la rédaction des Coutumes, on put s'assurer que la législation sur les enfants naturels était la même, à quelques détails près, dans tout le royaume; le droit romain des pays de droit écrit, qui avait subi l'influence du droit canonique, finit par être entièrement assimilé au droit coutumier; de telle sorte que les bâtards de ces provinces furent également régis par la vieille règle. «*Bastards ne succèdent point*» (LOISEL, *Institutes coutumières*, tome 1, titre 1. parag. 45.)

L'ancien droit qui excluait les bâtards de la succession de leurs parents, et qui les faisait regarder comme étrangers dans leur famille, s'est conservée jusqu'aux temps de la Révolution, et a été autorisé par la disposition de presque toutes les coutumes du royaume; aussi regardait-on comme une maxime certaine cette règle qui exclut les bâtards de la succession. Il faut, en cet endroit, citer la plus grande partie des coutumes du royaume qui établissent cette règle; telles sont celles de Paris, art 158; de Melun, 297 et 301; d'Auxerre, 34; de Sens, 31; d'Étampes, 128; de Dourdan, 123; de Montfort, 106; de Mantes, 175; de Senlis, 172; de Clermont, 153; de Valois, 91; de Calais, 138; de la Sale de l'Ile, tit. 2, art. 60; d'Artois, 150; de Nivernois, ch. 34, art. 22; de Bourgogne, chap. 8, art. 3; de Cambray, tit. 12, art 11; de Ponthieu, tit 1, art. 17; de Bar, 73; de Sédan, 197; de Tournay, tit. 23, art. 3; d'Arras, 31; de Montargis, ch. 15, art. 5; de Lille, tit. 1, art. 13; de Normandie, art. 147 et 175; de Blois, 146; de Valencay, ch. 3, art. 15; de Bourbonnais, 185; d'Auvergne, ch. 12, art. 10; la Marche, ch. 19, art. 221; Poitou, 297; Angoumois, 96; Bretagne, 476.

Le bâtard ne succède pas, telle est, nous venons de nous en convaincre, la règle générale. Quant à la succession du père, aucune exception n'a lieu. Les seules exceptions à ce principe, d'après d'AGUESSEAU, sont relatives à la succession de la mère et des parents maternels que plusieurs coutumes accordent aux bâtards, à la succession de ses descendants légitimes que toutes les coutumes admettent, soit expressément, soit virtuellement, enfin à la succession entre époux, introduite par imitation de la succession romaine *unde vir et uxor* et appliquée aux bâtards par les docteurs et les arrêts.

De ces exceptions, la première seule est caractéristique et limitative de la règle. Dans le Dauphiné et les provinces du midi, ou pays de droit écrit, on admettait les enfants naturels à la succession de leur mère et réciproquement la mère à celle de ses enfants (SALVAING, *Traité des Fiefs*, ch. 56 et 66 ; d'EXPILLY. *Plaidoyers*, 17 et 23.) Il en était de même dans quelques provinces du nord. Ainsi les coutumes de Valenciennes et de Saint-Omer déclarent que *«nul n'est bâtard de par sa mère»*, et en conséquence elles appellent l'enfant naturel à la succession de celle qui lui a donné la vie. D'autres, celles d'Aire et de Flandre, par exemple, n'appellent l'enfant né hors mariage à la succession maternelle, que dans le cas où il ne se trouve point d'enfants légitimes en concurrence avec lui. *«Si scaches qu'à la coutume de Flandre, de Cassel et de Thernois, nul n'est bâtard de par sa mère, et incertaine chose est du père, et emportent de par leur mère succession, voire quand la mère n'a nuls enfans vivans de loyal lit au jour de son trépas.»* BOUTEILLIER, *Somme rurale*, liv. 1, ch. 95.)

Exclure l'enfant naturel de la succession de ses père et mère eût été la plupart du temps une vaine mesure, si, par des donations entre-vifs ou testamentaires, on avait pu lui assurer ce que la loi lui refusait. Aussi notre droit coutumier avait-il interdit aux père et mère de faire à leur enfant naturel des legs universels ; ils ne toléraient que des legs particuliers, et encore fallait-il qu'ils ne fussent pas exagérés. Les libéralités excédant les limites, diversement posées par les Coutumes, n'étaient point nulles, mais seulement susceptibles de réduction. Cette incapacité qui frappait le bâtard, était fondée sur ce que l'on considérait comme inconvenant qu'une personne préférât ses bâtards à ses parents légitimes. C'est pourquoi, si le père et la mère n'avaient aucun parent, il leur était loisible de laisser à leurs enfants naturels tout ce qu'ils jugeraient convenable ; ils pouvaient même dans ce cas les instituer légataires universels. (POTHIER *Œuvres, Introduction au titre des testaments*, tome 1, page 418.)

Les bâtards n'étaient point héritiers des parents de leur père et mère ; mais rien ne les empêchait de recevoir, par donation, testament ou fidéicommis, les libéralités de ces personnes ; ils avaient, à cet égard, la même capacité qu'un étranger. BACQUET, *Traité du droit de bâtardise*, ch. 4, parag. 5 et 6.)

Nous avons jusqu'ici parlé à peu près exclusivement des enfants simplement naturels, il nous faut donc, avant de terminer cette étude sur la position des bâtards en France, avant la révolution de 1789, examiner un peu quelle était la condition des enfants nés de l'adultère et de l'inceste, de tous ceux en un mot appelés par JUSTINIEN *nati ex damnato et nefario coitu*.

Les Coutumes rédigées ne distinguaient généralement pas entre elles les différentes espèces d'enfants nés hors mariage. Elles les comprenaient tous sous le nom générique de bâtards. «On appelle bâtard, dit POTHIER, tous ceux qui ne sont pas nés suivant les lois du royaume.»

Seules, les coutumes de Valenciennes et de Bretagne les distinguent les uns des autres. Cependant la condition des uns n'était par là même que celle des autres ; sur ce point tous nos vieux jurisconsultes sont d'accord.

« La Coutume de Valenciennes sépare, dans l'art. 122 les bâtards naturels, c'est-à-dire, ceux qui sont nés, *ex soluto et soluta*, de ceux étant d'autre nature, *si comme de gens d'église, adultères et autre semblable condition*. Elle exclut nommément ces derniers de toutes successions, quoiqu'elle admette les premiers à la succession de leur mère. » (d'Aguesseau, *diss. sur les bâtards*.

La coutume de Bretagne, qui, dans l'art. 477, permet au bâtard de tester jusqu'à concurrence d'une certaine portion de ses biens, ôte cette faculté à l'*avoutre* et aux autres enfants illégitimes, sous laquelle dénomination sont compris tous les autres bâtards qui ne sont point nés *ex soluto et soluta*. L'*avoutre* est l'enfant adultérin. Ph. de Beaumanoir, chap. 18. p. 102, le définit de cette manière : « *les avoutres sont chils qui sont engendrés en femmes mariées d'autrui que de leurs seigneurs et hommes mariés.*)

Les enfants *nati ex damnato et nefario coitu* ne pouvaient rien recevoir de leurs parents si ce n'est des aliments. Cette incapacité de recevoir, qui pesait sur le bâtard incestueux ou adultérin, atteignait même ses enfants. Un arrêt du 14 août 1870 avait décidé que les enfants légitimes d'une personne, elle-même issue d'un commerce criminel, étaient, comme leur auteur, incapables de recevoir de leur aïeul autre chose que des aliments,

Si l'enfant naturel ne succédait pas à son père et à sa mère, il pouvait, du moins, contraindre ceux qui lui avaient donné la vie à le reconnaître. On lui accordait, comme l'avaient fait le droit canonique et le droit romain, la faculté de rechercher en justice son père et sa mère. Malheureusement les facilités qu'on lui donna pour cette recherche firent dégénérer l'exercice d'un droit légitime en un scandale dangereux. Du moment que l'on admettait que l'indication de la mère était contre le père une preuve suffisante, on exposait les honnêtes gens aux entreprises des intrigants. La recherche de la paternité devint donc un véritable fléau, contre lequel d'AGUESSEAU s'éleva avec énergie

Lorsque le bâtard était ainsi parvenu à désigner ses parents ou lorsque ceux-ci l'avaient spontanément reconnu, qu'elle était sa condition? Nous avons déjà vu qu'il n'avait pas le titre d'héritier de ses parents naturels «ce qui fut même établi insensiblement, répéterons-nous avec LEBRUN, dans les provinces de droit écrit où l'on a donné à l'honnêteté publique et à l'intérêt de la religion, que les bâtards, quoique nés d'une simple concubine, ne succèdent ni à leur père naturel, ni à leur mère, le concubinat n'étant plus permis comme il l'était dans le droit romain.» Nous connaissons également les dispositions de notre ancien droit relatives aux libéralités de son père, de sa mère et de ses aïeux. Reste à examiner, l'excellente règle du droit canonique en vertu de laquelle les parents sont obligés de nourrir leurs enfants.

Cette règle était considérée comme de droit commun, quoique très peu de coutumes se soient expliquées à ce sujet, La plus explicite entre toutes est celle de Bretagne. «*Si aucun avait enfans bastards jeunes et non puissans d'eux pour user de leur corps, ils doivent être pourvus sur les biens de leur père ou de leur mère.*»

Ce n'était qu'à son père et à sa mère que l'enfant naturel pouvait demander assistance, il le pouvait du reste quelle que fût sa qualité. Il devait s'adresser d'abord à son père et subsidiairement à sa mère. Lorsque l'un et l'autre étaient morts, il avait le droit de demander des aliments à leurs héritiers légitimes, lesquels étaient tenus de leur en fournir, mais sur les biens héréditaires seulement, ainsi que le jugea un arrêt du parlement d'Aix de 1678. C'était l'application de ce principe du droit canonique qui prolongeait au delà de la vie la dette naturelle des père et mère.

Cette obligation pour les parents de nourrir leurs enfants naturels nous est attestée par tous nos jurisconsultes. «Qui fait l'enfant le doit nourir, » dit LOISEL. (*Inst. coutum.* tome. 1 liv. 1, tit. 1, parag. 41.) POTHIER vient enfin ajouter le poids de son autorité à cette opinion si justement accréditée : «L'obligation, dit-il, en laquelle sont les père et mère de nourrir leurs enfants comprend même ceux qui sont nés d'unions illicites et de fornications. Lorsqu'une fille ou une veuve est grosse des faits d'un homme, sur la plainte qu'elle forme contre lui et sur l'intervention du ministère public, cet homme, s'il en convient ou s'il en est convaincu, doit être condamné à se charger de l'enfant, à le faire élever dans la religion catholique, et à lui fournir les aliments nécessaires, à en rapporter certificats tous les trois mois au procureur du roi, et à lui faire apprendre un métier, pour le mettre en état de gagner sa vie. Lorsque l'homme dénie avoir eu commerce avec la fille, la preuve que la fille fera par témoins que cet homme a eu quelques familiarités ou privautés avec elle suffit pour le faire présumer, et le faire en conséquence condamner à se charger de l'enfant. Lorsque le père n'est pas connu, ou lorsqu'il n'a pas le moyen, c'est la mère qui doit être chargée de l'enfant. *Vice versa*, un bâtard est obligé même dans le for extérieur, lorsqu'il en a le moyen, de fournir à ses père et mère qui sont dans l'indigence et hors d'état de gagner leur vie, les aliments nécessaires, lorsque les père et mère n'ont pas d'enfants légitimes qui soient en état de leur en fournir. » (POTHIER *OEuvres*, tome 6, *Traité du contrat de mariage*, pag. 179.)

Telles étaient dans leur ensemble les règles qui régissaient autrefois les enfants naturels. Ils avaient droit, il est vrai, à des aliments, mais quant à un droit quelconque de succession, notre ancienne législation le leur avait toujours refusé. La tâche que la royauté laissait à la Révolution était grande. Il y avait beaucoup de choses à faire: régler la recherche de la paternité, accorder aux enfants naturels un droit sur les biens de leurs père et mère, introduire, en certains cas, des réformes radicales. La Révolution sembla comprendre le lourd héritage qui lui avait été légué par la monarchie expirante; d'un trait elle abolit le système tout entier que le droit ancien tenait du droit Canonique; mais pour le remplacer, suivant en cette matière sa marche ordinaire, elle se jeta dans des extrémités absurdes ou scandaleuses qui n'amenèrent que désordre et perversion.

SECTION TROISIÈME.

DROIT INTERMÉDIAIRE.

Les principes, qui triomphèrent par la révolution de 1789, devaient nécessairement améliorer la condition des enfants naturels; et on n'aurait pu sans doute qu'applaudir, dans l'intérêt de l'humanité et de l'ordre social, à un adoucissement modéré des rigueurs avec lesquels ils avaient été traités jusqu'alors. Mais ce n'était pas le temps des réformes modérées; et la réaction, dans sa violence, dépassa, au contraire, toutes les bornes!

Le 4 juin 1793, la Convention décréta que les enfants nés hors mariage de personnes qui ne seraient pas engagées dans les liens d'une autre union, *succéderaient à leurs père et mère dans la forme qui serait déterminée.*

Rien de plus juste. «Dans un gouvernement fondé sur la liberté, disait Cambacérès, les individus ne peuvent être la victime des fautes de leur père. L'exhérédation est la peine des grands crimes, l'enfant qui naît en a-t-il commis? Et si le mariage est une institution précieuse, son empire ne peut s'étendre jusqu'à la destruction de l'homme et des droits des citoyens.»

Dans la loi du 4 juin 1793, il ne fut question que des père et mère: le principe fut établi; mais il fut d'avance soumis à des formes et à des conditions qui n'étaient point encore déterminées.

Le 24 août suivant, on décréta quelques articles d'un Code civil, par lesquels on donnait aux enfants naturels non-seulement les successions de leurs père et mère, mais encore on les admettait au partage égal avec les enfants légitimes, et on leur conférait des droits héréditaires dans les successions collatérales.

Puis intervint la loi du 12 Brumaire an II. Elle porte, art. 1 : «Les enfants actuellement existants, nés hors mariage, seront admis aux successions de leurs père et mère *ouvertes* depuis le 14 juillet 1789; ils le seront également à celles qui s'ouvriront à l'avenir, *sous la réserve portée dans l'art.* 10 *ci-après.* »

L'art. 2 dit : «Leurs droits de successibilité sont les mêmes que ceux des autres enfants. »

L'art. 9 est ainsi conçu : «Les enfants nés hors du mariage, dont la filiation sera prouvée de la manière déterminée, ne pourront prétendre aucun droit dans les successions de leurs parents collatéraux, ouvertes depuis le 14 juillet 1789; mais à compter de ce jour il y aura successibilité réciproque entre eux et leurs parents collatéraux, à défaut d'héritiers directs. »

Enfin l'art. 10 porte : «A l'égard des enfants nés hors mariage dont le père et la mère seront encore existants lors de la promulgation du Code civil, *leur état et leurs droits seront en tous points réglés par les dispositions du Code.* »

Il y eut cependant une classe d'enfants naturels auxquels les lois de la Révolution ne reconnurent pas les mêmes droits qu'aux autres. L'art. 12 de la loi du 12 Brumaire an II n'attribue, en effet, aux enfants adultérins, en tout et pour tout, que le tiers de la portion d'un enfant légitime.

«On a pensé presqu'unanimement, disait à ce propos CAMBACÉRÈS, rapporteur de cette loi, que le respect des mœurs, la foi du mariage, les convenances sociales, ne permettaient pas de comprendre dans la disposition de la loi les enfants nés de ceux qui étaient déjà liés par des engagements. »

Telles sont les dispositions principales de cette loi du 12 Brumaire, qui n'était, il faut le reconnaître, que transitoire aux articles du Code civil décrétés le 24 août précédent.

Mais le lendemain de cette loi transitoire, le 13 brumaire, la Convention suspendit la promulgation de ce Code civil en le renvoyant devant une nouvelle commission de six membres, *pour le reviser et le retoucher* : ce sont les termes du décret.

«Il semblait naturel, remarque le tribun HUGUET, que, puisque la promulgation de ce Code civil était suspendue, le décret transitoire du 12 Brumaire dût avoir, par une suite nécessaire, le même sort. Cependant le pouvoir exécutif d'alors le fit promulguer, ce qui obligea les tribunaux à le reconnaître comme loi.»

Ainsi, plus de différence entre l'enfant issu d'un légitime mariage et l'enfant qui n'est que le fruit du désordre ; l'enfant naturel a, dans la succession de ses père et mère et des parents de ses père et mère, les mêmes droits que l'enfant légitime ; il entre dans la famille ! Et comme s'il eût fallu que rien ne manquât à de tels excès, la loi du 12 Brumaire an II, par une retroactivité monstrueuse, décide que ses dispositions seront applicables, dans le passé, aux successions ouvertes depuis le 14 juillet 1789 !

Les tribunaux, mieux instruits, ou plutôt, si l'on veut, dégagés de ce grand enthousiasme pour les enfant nés hors mariage, reconnurent que si ces enfants avaient des droits dans les successions ouvertes à l'époque du 12 Brumaire an II, ils n'en avaient aucun, ou plutôt que l'exercice en était suspendu, dans les successions ouvertes depuis ce jour jusqu'à ce qu'ils aient été déterminés et réglés par un Code civil. Ils admirent également que ce n'était pas sur des intentions qu'il fallait apprécier cette loi du 12 Brumaire, mais sur les termes qu'elle contenait, et qu'il ne pouvait y avoir d'équivoque sur l'art. 10, qui, encore une fois, voulait que les droits de ces enfants fussent réglés et subordonnés aux dispositions d'un Code civil : que celui du 24 août 1793 ne devait pas être consulté, parce qu'il n'avait pas le caractère de loi, n'étant pas promulgué, et étant d'ailleurs dans le cas d'être revisé et retouché d'après le décret du 13 Brumaire. En conséquence, ils déclarèrent qu'il y avait une lacune évidente dans la loi du 12 Brumaire an II; qu'il y était bien question des enfants existants, de père et mère existants à l'époque de la promulgation du Code civil; mais qu'elle n'avait rien statué pour les enfants qui naîtraient et les père et mère qui viendraient à décéder, et dont les successions s'ouvriraient depuis la loi de Brumaire jusqu'au jour de la promulgation du Code civil.

«Le doute s'est formé dans les tribunaux, observe le tribun Grenier à propos de la loi du 12 Brumaire, et a augmenté successivement, au point que les organes de la justice ont senti qu'ils étaient sans guide, qu'ils ont déclaré qu'ils ne pouvaient pas appliquer une loi qui n'existait pas ; et la justice, sur ce point, a été comme paralysée.

Cette législation ne dura pas longtemps; plusieurs modifications y furent bientôt introduites. C'est ainsi que la loi du 3 Vendémiaire an IV, art. 13, rapporta l'effet rétroactif de l'art. I de la loi du 12 Brumaire an

II. Puis celle du 15 Thermidor an IV attribua aux individus atteints par ce changement, à titre de pension alimentaire, le revenu du tiers de la portion d'un enfant né en mariage. Enfin une circulaire ministérielle du 12 Ventôse an V prohiba la recherche de la paternité.

Sous le consulat, le pouvoir législatif déclara par la loi du 14 Floréal an XI, que l'état et les droits des enfants naturels, dont les père et mère encore existants lors de la loi du 12 Brumaire an II, viendraient à mourir avant la promulgation du Code civil, seraient réglés par les dispositions de ce Code relatives à la paternité, à la filiation et aux successions.

Telles furent les dispositions prises à l'égard des enfants naturels pendant la période révolutionnaire; reste à savoir comment le Code civil a réglé leur état.

«Les auteurs du Code Napoléon, dit M. Demolombe, ont encore fait, en cette matière, une sorte de transaction entre le droit ancien et le droit intermédiaire ; et en se gardant de l'excès de sévérité avec lequel la législation antérieure à 1793 avait traité les enfants nés hors mariage, ils ont eu la sagesse de mettre un terme à la scandaleuse indulgence de la législation de l'an II.» (Demolombe, *Traité des successions*, tome 2, § 11.)

Après avoir solennellement consacré le mariage et déclaré «que la société ne pouvait rien souffrir qui blessât son institution fondamentale,» les rédacteurs du Code reconnurent tous d'une voix que «la loi du 12 Brumaire an II, l'avait de fait aboli en assimilant les enfants naturels aux enfants légitimes,» qu'il fallait au plus tôt faire cesser un état de choses contraire à la morale publique, et réprouvé d'ailleurs par les honnêtes gens ; qu'il fallait «lier les mœurs aux lois et propager l'esprit de famille,» car, ajoutait PORTALIS, «les vertus privées peuvent seules garantir les vertus publiques, et c'est par la petite patrie, qui est la famille, que l'on s'attache à la grande.»

Ils relevèrent donc la barrière qui devait séparer les enfants nés hors mariage des enfants légitimes ; ils leur refusèrent le droit de s'introduire de force dans la famille de leur père et ne leur permirent de rechercher leur mère qu'en invoquant des présomptions irrécusables.

Les enfants naturels ne furent admis dans la famille qu'après une reconnaissance qui, dans certains cas, devait être volontaire ; mais, dans ce cas même, on leur refusa le titre et les droits d'héritiers. « Il est contre l'ordre des choses, remarque encore PORTALIS, que le droit de succéder, qui est considéré par toutes les nations policées, non comme un droit de cité, mais comme un droit de famille, puisse compéter à des êtres qui sont sans doute membres de la cité, mais que la loi qui établit les mariages ne peut reconnaître comme membres d'aucune famille. »

Toutefois si les législateurs firent ce qu'ils devaient pour défendre « l'institution fondamentale de la société, » ils ne se laissèrent pas emporter par un zèle imprudent ; en se conformant au vœu de la morale, ils ne demeurèrent pas sourds à celui de la nature, et surent concilier les légitimes exigences de l'une et de l'autre.

Si le Code établit une différence entre les enfants légitimes et les enfants naturels, il ne repousse cependant pas ces derniers d'une manière absolue. Il consacra la recherche de la maternité, mais il abolit en principe la recherche de la paternité. Il accorda aux enfants naturels le droit d'exiger des aliments de celui de leurs parents dont ils étaient reconnus.

Il fit plus, à l'enfant naturel reconnu, il donna sur la succession de ses parents un certain droit.

Il fit mieux, il permit aux parents d'effacer, dans certains cas, la trace de leur faute, en conférant à leurs enfants la dignité et les droits d'enfants légitimes. Toutefois, par respect pour le mariage, parmi les enfants naturels, il distingua ceux qui devaient leur naissance à un commerce criminel, adultérin ou incestueux, pour ne leur accorder que des aliments.

Les auteurs du Code ont-ils réussi dans leur entreprise? L'examen attentif de la loi nous montrera sans doute quelques erreurs, quelques imperfections, mais en même temps nous fera connaître comment elle a su faire disparaître les vieux abus, les scandales récents, et donner aux enfants naturels une position qui satisfait et l'intérêt public et leur intérêt personnel; loi réparatrice, qui n'est pas peut-être le dernier mot du législateur, mais qui fut assurément un bienfait immense à l'époque où elle fut portée, en ces temps où la société blessée et chancelante cherchait partout un appui et s'abritait derrière les plus fragiles remparts.

QUATRIÈME PARTIE.

CODE NAPOLÉON.

DES DROITS DE L'ENFANT NATUREL DANS LA SUCCESSION DE SES PÈRE ET MÈRE.

SECTION PREMIÈRE.

DES ENFANTS NATURELS QUANT AU DROIT DE SUCCESSION.

I.

GÉNÉRALITÉS.

Les enfants issus de père et mère unis entre eux par les liens du mariage sont appelés enfants *légitimes*.

Par opposition, on appelle *naturels* ou *illégitimes* les enfants issus de père et mère qui ne sont pas mariés.

Les enfants naturels se divisent en trois classes :

Les enfants naturels proprement dits, c'est-à-dire ceux nés de deux personnes qui, au moment de la conception de ces enfants, étaient libres et pouvaient se marier ensemble, mais qui n'étaient pas alors unies par le mariage, ou dont le mariage préexistant ne peut produire d'effets civils, parce qu'il a été déclaré nul et qu'il n'avait été contracté de bonne foi ni par l'un ni par l'autre des époux ;

Les enfants adultérins, c'est-à-dire, ceux issus de personnes dont l'une était libre et l'autre mariée, au moment de la conception, ou qui, dans ce moment, étaient mariées l'une et l'autre, mais non pas l'une avec l'autre.

Les enfants incestueux, c'est-à-dire, ceux issus de personnes qui étaient libres, mais entre qui le mariage était prohibé, au moment de la conception.

Toute recherche de maternité et de paternité dont le résultat serait de faire reconnaître une filiation adultérine ou incestueuse, est interdite. Toute reconnaissance volontaire tendant au même résultat est nulle. Ce n'est que dans des hypothèses exceptionnelles et par la force des choses qu'une pareille filiation peut se trouver constatée et faire naître les rapports juridiques que la loi établit entre les enfants adultérins ou incestueux et leurs parents.

Tant qu'ils ne sont pas reconnus, les enfants naturels proprement dits sont regardés comme n'ayant ni famille ni parenté civiles. La reconnaissance seule peut leur procurer cette famille et cette parenté qui leur manquent ; c'est donc un acte de la plus grande importance, dont le législateur a dû prescrire les formes, déterminer les cas et régler les effets : c'est ce qu'il a fait.

II.

Quels enfants naturels sont appelés à succéder.

La preuve de la filiation de l'enfant naturel peut résulter soit d'une reconnaissance volontaire faite par les parents, ou d'une reconnaissance forcée qui leur est imposée par autorité de justice.

La reconnaissance volontaire est l'aveu que le père naturel fait de sa paternité, ou la mère naturelle de sa maternité. C'est un aveu essentiellement personnel qui ne peut être fait que par le père pour la filiation paternelle, et par la mère pour la filiation maternelle.

L'art. 334 ne désignant pas les officiers publics qui peuvent recevoir la reconnaissance, nous avons à nous demander quels sont-ils. « D'abord, dit M. VALETTE, l'officier de l'état civil peut constater légalement la reconnaissance d'un enfant dans l'acte de naissance de celui-ci. En outre on admet généralement que l'enfant peut être postérieurement à la rédaction de l'acte de naissance, reconnu par-devant le même officier, attendu que, dans ce cas, il s'agit d'un véritable acte de l'état civil. Cette solution se trouve d'ailleurs consacrée par l'arrêté du 19 floréal an VIII, qui, donnant aux officiers de l'état civil des modèles pour la rédaction des actes, y comprend celui de la reconnaissance d'un enfant naturel faite en dehors de l'acte de naissance. Il est évident que l'acte de reconnaissance peut être également reçu par les notaires, puisqu'aux termes de l'art. 4 de la loi du 25 ventose an XI, les notaires sont les fonctionnaires établis pour recevoir tous les actes de l'autorité publique. » (VALETTE, *sur* PROUDHON, t. 2, p. 148).

La reconnaissance peut encore être constatée par d'autres autorités que les officiers de l'état civil et les notaires.

Tels sont : les tribunaux en général, y compris les justices de paix ; mais seulement en ce sens que si, devant le tribunal, pendant le cours des débats d'un procès, une partie reconnaît un enfant naturel, le tribunal, sur la demande de la partie adverse, devra donner acte de cette reconnaissance, et que cette reconnaissance ainsi attestée par le tribunal équivaudra à une reconnaissance formelle (AUBRY ET RAU, t. 4, p. 678. — LOISEAU, p. 459 à 461. — VALETTE, *sur* PROUDHON, t. 2, p. 149. — DEMANTE, t. 2, n° 62. — DEMOLOMBE, t. 5, 398. — Colmar, 24 mars 1813, Sir., 14, 2, 2).

Sont encore compétents les juges de paix, lorsqu'ils siégent en bureau de conciliation, ou qu'ils président un conseil de famille (AUBRY ET RAU, t. 4, p. 667. — DEMOLOMBE, t. 5, p. 325. — DURANTON, t. 3, 221. — VALETTE, *sur* PROUDHON, t. 2, p. 149. — ROLLAND DE VILLARGUES, n° 223. — Colmar, 25 janvier 1859, Sir. 59, 2, 279. — Douai, 22 juillet 1856, Sir. 57, 2, 33.)

Lorsqu'un père ou une mère ne veut pas reconnaître son enfant naturel, soit expressément, soit tacitement, il est permis à ceux qui ont intérêt à savoir quelle est la filiation de cet enfant, de la rechercher en justice, suivant certaines règles et sous certaines conditions. Le jugement qui interviendra tient lieu de reconnaissance ; c'est ce que l'on nomme une reconnaissance forcée.

Mais, il ne faut pas ici, comme dans le cas de la reconnaissance volontaire, assimiler le père à la mère, et appliquer à l'un ce que l'on dit de l'autre ; il faut, au contraire, distinguer avec soin la recherche de la paternité de celle de la maternité.

Le fait de la recherche de la paternité étant à peu près impossible à établir, le Code Napoléon, pour éviter les scandales fréquents qui avaient lieu sous l'empire de l'ancienne législation, toutes les fois qu'il s'élevait un procès au sujet d'une paternité prétendue, a interdit d'une manière absolue la recherche de la paternité.

Ce principe souffre toutefois exception dans le cas d'enlèvement de la mère, et lorsque l'époque de la conception coïncide avec celle de la séquestration. Dans ce cas, celui qui a enlevé cette femme et qui l'a tenue plus ou moins longtemps en charte privée, peut être déclaré père de l'enfant dont cette femme est accouchée, mais à deux conditions : la première, « que l'époque de l'enlèvement se rapporte à celle de la conception, » c'est-à-dire, se trouve comprise dans l'espace de temps qui forme la différence de la plus longue gestation à la plus courte. La seconde condition est que le tribunal, appréciant les faits qui lui sont soumis, y trouve une présomption suffisante pour déclarer la paternité ; on a cru prudent de lui laisser à cet égard, tant pour la preuve que pour le jugement, la plus entière liberté. Art, 340.

Nous avons constaté que c'est l'impossibilité où l'on se trouve d'établir sûrement et facilement la filiation d'un enfant naturel quant à son père, qui a fait rejeter la recherche de la paternité ; mais comme il n'en est point de même à l'égard de la mère, la recherche de la maternité a été admise. La grossesse et l'accouchement sont des faits positifs et apparents qu'il est difficile de tenir secrets et qu'on peut constater sans trop de scandale. Cependant, la crainte des imputations calomnieuses, qu'on pourrait trop facilement diriger contre une femme honnête, a fait que le législateur ne s'est pas contenté de la preuve testimoniale toute seule. L'intérêt des familles, l'honneur des femmes et la pudeur publique lui ont paru avec raison mériter certaines garanties : aussi a-t-il décidé que l'enfant qui réclamerait sa mère ne serait reçu à prouver qu'il est identiquement le même dont elle est accouchée que lorsqu'il aurait un commencement de preuve par écrit. Art. 341.

De cette reconnaissance soit volontaire, soit judiciaire, découlent tous les droits de l'enfant naturel, et notamment les droits successifs qui font l'objet de cette étude. Pour que cet enfant puisse profiter des droits de succession que la loi lui accorde, deux conditions lui sont nécessaires, l'une positive, l'autre négative ; il faut d'abord que sa filiation soit paternelle, soit maternelle, ait été légalement constatée : il faut ensuite qu'il n'ait été le fruit ni d'un adultère ni d'un inceste.

En effet la recherche de la maternité n'est plus permise lorsqu'elle est dirigée sur la trace d'un adultère ou d'un inceste, toutes les fois que, pour la démontrer, il faudrait rendre publics et certains ces attentats scandaleux, dont la possibilité mystérieuse et les exemples impunis corrompent et flétrissent les mœurs publiques. La manifestation d'un désordre caché n'est jamais, pour l'intérêt social, compensé par la réparation d'un dommage individuel.

Cette raison si puissante place nécessairement la même prohibition, comme un obstacle devant la faculté donnée à un père, à une mère, de reconnaître leurs enfants naturels. Cette reconnaissance est impossible, s'il faut l'appuyer sur l'inceste ou sur l'adultère. L'officier de l'état civil ne le recevra pas ; et, si malgré lui, l'acte contient le vice qui l'infecte, cette reconnaissance nulle ne pourra profiter à l'enfant adultérin ou incestueux pour qui elle aura été faite.

Les enfants adultérins et incestueux ne peuvent donc exercer de droits successifs. L'art. 762 est formel et ne leur accorde que des aliments.

Il est un cas où la reconnaissance ne produit pas en faveur de l'enfant naturel toutes les conséquences qui en résultent généralement, c'est celui prévu par l'art. 337, ainsi conçu : «La reconnaissance faite pendant le mariage par l'un des époux au profit d'un enfant naturel qu'il aurait eu, avant son mariage d'un autre que de son époux, ne pourra nuire ni à celui-ci, ni aux enfants nés de ce mariage. Néanmoins elle produira son effet après la dissolution de ce mariage s'il n'en reste pas d'enfants.» Cette règle a besoin d'explication.

L'art. 337 ne prohibe ni n'annule la reconnaissance faite dans l'hypothèse qu'il prévoit ; il ne fait qu'en restreindre les effets. Mais avant d'expliquer en quoi consiste cette restriction, il faut d'abord préciser dans quelle circonstance elle doit avoir lieu.

Il s'agit d'une reconnaissance faite : 1° par l'un des époux pendant le mariage ; 2° au profit d'un enfant naturel né avant le mariage d'un autre que de son conjoint. Reprenons ces deux conditions :

«Il ne faut pas, disait M. Bigot-Préameneu, que l'un des époux puisse changer, après son mariage, le sort de la famille légitime, en y appelant des enfants naturels qui demanderaient une part dans les biens. Ce serait violer la foi sous laquelle le mariage a été contracté.» Pendant le mariage, l'un des époux ne peut donc conférer à un enfant naturel des droits qui nuiraient à sa famille légitime; il ne le peut pas, alors même que l'autre époux y consentirait, parce qu'il s'agit ici de l'intérêt des enfants aussi bien que de la paix du ménage.

La loi n'a pas voulu tolérer que l'un des époux, le mari en général, vînt, par la reconnaissance tardive d'un enfant dont la naissance avait été soigneusement dissimulée, porter le trouble dans la société conjugale et introduire dans la famille, au préjudice de l'autre conjoint ou de ses enfants, un membre qui jusqu'alors y avait été étranger. C'eût été se jouer indignement de la bonne foi de l'autre époux.

La seconde des conditions exigées par l'art. 337, c'est que l'enfant reconnu soit né d'une personne autre que l'époux de celle qui a fait la reconnaissance. Par conséquent, si précédemment il a été reconnu par les époux, ou s'il l'est par la suite, pendant le mariage ou après sa dissolution, de quelque manière que ce soit, volontairement ou judiciairement, la règle qu'édicte cet article n'est pas applicable ou cesse de l'être.

Quand une reconnaissance est faite dans la double hypothèse prévue par l'art. 337, en quoi diffère-t-elle de la reconnaissance ordinaire, quelle restriction subit-elle dans les effets qu'elle est appelée à produire?

Elle produit absolument les mêmes effets que la reconnaissance ordinaire à l'égard de toute personne autre que le conjoint et que les enfants légitimes nés de ses œuvres. Mais elle ne doit porter aucun préjudice à ces derniers. Encore faut-il s'entendre sur ce mot préjudice; il s'agit ici d'un préjudice matériel. Tant que l'enfant naturel ne voudra pas diminuer leurs droits sur le patrimoine de son père, il pourra profiter de la reconnaissance ; ainsi il pourra porter le nom de son père, être placé sous sa puissance ; nous irons même jusqu'à dire qu'il pourra lui demander des aliments, et même, après lui, en réclamer sur sa succession ; et nous disons cela avec la jurisprudence, en nous fondant d'abord sur une raison d'équité : l'enfant naturel simple ne peut pas être plus maltraité que l'enfant incestueux ou adultérin ; et sur l'intention bien claire du législateur : que remarque dans son rapport M. Bigot-Préameneu ? «Il ne faut pas que l'un des époux, après son mariage puisse changer le sort de la famille légitime, en y appelant des enfants naturels *qui demanderaient une part dans les biens.*» Il s'agit évidemment ici des droits successoraux établis par le Code civil, et nullement de cette règle du droit naturel qui veut que tout enfant puisse demander des aliments à celui qui l'a mis au monde et à ses héritiers : si notre loi contenait une exception à cette règle, ce serait pour elle une flétrissure.

L'article 337 consacrant une exception, ne peut être étendu au delà de l'hypothèse qu'il a en vue. Aussi la reconnaissance faite après la dissolution du mariage produit tous ses effets ordinaires nonobstant la précence d'enfants légitimes.

Vainement viendrait-on objecter que cet article veut donner au conjoint une garantie pour la situation et la fortune de ses enfants, garantie qui s'applique à l'avenir aussi bien qu'au présent; que cette disposition est, pour ainsi dire, un engagement pris vis-à-vis de cette personne par le législateur ; que c'est la promesse que ni elle ni ses enfants n'auront à craindre un partage avec un tiers, dont la naissance irrégulière ne peut pas ne point lui inspirer une sorte de répugnance ; d'autant plus que les liens de ce tiers avec son auteur le rendent particulièrement redoutable, au point de vue des intérêts matériels de la filiation légitime.

Vainement ajouterait-on encore que notre article a précisément pour but de sauvegarder le conjoint contre de telles appréhensions, de lui épargner cette anxiété qui serait, à elle seule, une cause suffisante de trouble dans le ménage, si la reconnaissance n'était impossible que pendant le mariage, si elle pouvait avoir lieu, une fois l'union dissoute, et devait réagir contre les enfants issus de ce mariage.

La loi a bien entendu exclure de l'application de l'art 337 la reconnaissance survenue après la dissolution matrimoniale, et les mots «pendant le mariage» qui figurent dans le texte ont été inscrits avec l'intention bien arrêtée d'en faire une différence entre la reconnaissance antérieure et la reconnaissance postérieure au mariage. Dans ce dernier cas, le conjoint n'est plus là et ne peut ressentir l'espèce d'outrage fait à sa famille. La paix du ménage n'a plus à en souffrir. Cette raison est suffisante.

En faveur de notre système qui consiste à donner une pleine efficacité à la reconnaissance faite après la dissolution matrimoniale, au profit d'un enfant né avant le mariage, nous invoquons, indépendamment du texte, les travaux préparatoires de la loi. Le projet disait : «Après la dissolution de ce mariage *et s'il n'en reste pas d'enfants*, l'époux qui aurait omis de reconnaître son enfant avant le mariage, pourra en faire la reconnaissance dans les formes prescrites (LOCRÉ, *Légis-*

lation, t. VI, page 31).» Le projet ainsi formulé ayant été rejeté, il faut en conclure, que l'article 337 ne se rapporte qu'à la reconnaissance faite *pendant* le mariage. (AUBRY ET RAU, t. 4, p. 692. — LOCRÉ, art. 337. — PROUDHON, t. 2, p. 147. — ROLLAND DE VILLARGUES, nº 243. — DEMOLOMBE, t. 5, 461. — DURANTON, t. 3, 254. — Voy. en sens contraire. — MAGNIN, *des minorités*, t. 1, 122 et DELVINCOURT, t. 1, p. 242.

Nous savons que les effets de la reconnaissance forcée sont les mêmes que ceux de la reconnaissance volontaire et qu'il n'y a pas à distinguer entre l'une et l'autre reconnaissance. Maintiendrons-nous ici cette assimilation, et dirons-nous que l'art. 337 est applicable au cas où un enfant naturel, que l'un des époux aurait eu avant son mariage, d'un autre que de son conjoint, intenterait, pendant le mariage, une action en recherche de paternité ou de maternité contre l'un de ses parents qui est actuellement marié, et viendrait à triompher.

On refuse d'appliquer l'art 337 à la reconnaissance forcée parce que, dit-on, cet article contient une dérogation au droit commun qui ne doit pas être arbitrairement étendu ; parce que, du reste, l'art. 337 ne parle que de la reconnaissance, et qu'il n'y est pas question d'un jugement déclaratif de filiation naturelle ; parce que, dans le cas de reconnaissance forcée, le conjoint ne peut pas se plaindre d'un manque de foi, et que, par suite, il ne peut pas y avoir trouble de ménage ; parce que c'est un droit pour l'enfant de rechercher sa filiation et qu'il ne peut en être privé par un fait auquel il est étranger ; enfin parce que le jugement qui statue sur une recherche de filiation est déclaratif et non attributif de la paternité ou de la maternité, et que, par conséquent, ses effets doivent remonter à l'époque de la conception de l'enfant, qui, par suite, doit être traité comme si sa filiation avait été constatée avant le mariage.

Malgré la grande autorité des auteurs qui soutiennent cette première opinion, elle nous paraît ne pas devoir triompher. Si l'on veut, en effet, tenir compte du motif qui a fait édicter l'art. 337, on verra que ce motif existe, qu'il s'agisse d'une reconnaissance volontaire ou d'une reconnaissance forcée. La loi a voulu assurer la tranquillité du ménage, et elle a pensé que le meilleur moyen d'y parvenir était de sauvegarder les intérêts du conjoint qui avait contracté mariage dans l'ignorance où il était de l'existence de cet enfant. Au fond, peu importe à ce conjoint que la reconnaissance soit volontaire ou judiciaire, la nouvelle qu'il apprend est, de toute façon, désagréable pour lui, et peut-être que, s'il avait le choix, il préférerait la reconnaissance volontaire à l'autre, car elle a l'avantage de ne pas être une cause de scandale. Dans un cas comme dans l'autre, il a été trompé. Son droit se fonde sur ce qu'il était dans l'ignorance, et non dans l'espérance que cet enfant ne serait pas reconnu, ce qui serait immoral, et on ne doit pas supposer un fait immoral.

On ne peut enlever à l'enfant le droit de rechercher sa filiation ; rien de plus vrai. Mais la loi a pu limiter ce droit dans l'intérêt du conjoint de son auteur et dans celui des enfants nés de leur mariage, comme elle a, dans les mêmes circonstances, limité les effets du droit qu'a tout homme de reconnaître son enfant. Quant à l'argument que l'on tire de ce que le jugement est déclaratif de filiation, rien de plus facile que d'y répondre. La reconnaissance volontaire, elle aussi, n'est que déclarative de la paternité ou de la maternité, et cependant, malgré cela, l'art. 337, en restreint les effets; pourquoi n'en serait-il pas de même de la reconnaissance forcée?

En outre, que peut-on conclure du mot *reconnaissance* employé dans l'art. 337? Le législateur se sert de ce mot pour désigner la reconnaissance volontaire, comme la reconnaissance judiciaire. Nous persistons donc à appliquer l'art. 337 au cas où la reconnaissance aurait été judiciaire, comme au cas où elle aurait été volontaire. (AUBRY et RAU, t. 4, p. 693. — VALETTE, *Explication sommaire*, p. 185. — DEMOLOMBE, t. 5, p. 489. — MARCADÉ, art. 337. — DELVINCOURT, t. 1, p. 10. — LOISEAU, p. 437. — Voy. en sens contraire : DURANTON, t. 3, n° 255-256. — ZACHARIÆ, § 568, texte *in fine*, notes 38 et 39. — TOULLIER, t. 2, n° 958. — TAULIER, t. 1, p. 434. — DE CAURROY, BONNIER et ROUSTAIN, t. 1, 492. — ALLEMAND, *du mariage*, t. 2, 852-854; DEMANTE, t. 2, n° 72 bis.)

La seconde partie de l'art. 337 décide qu'après la dissolution du mariage, la reconnaissance produira tous ses effets s'il n'en reste pas d'enfants, c'est à dire de descendants légitimes à quelque degré que ce soit. Certains auteurs ont conclu de cette phrase que le conjoint survivant pouvait alors être écarté par l'enfant naturel. Mais il est impossible d'admettre que, dans le second alinéa, le législateur ait détruit la règle qu'il a portée dans le premier. S'il en était ainsi, la reconnaissance nuit toujours à l'époux que l'on a voulu protéger, puisqu'il ne peut être appelé qu'au défaut des enfants légitimes. La vérité est que cette phrase, obscure et mal rédigée, se réfère à une hypothèse toute spéciale ; elle suppose que le mariage a été dissous par le décès même de ce conjoint, et qu'à la mort, survenue postérieurement, de l'auteur de la reconnaissance, il n'existe plus d'enfants légitimes nés du mariage ; mais elle ne prévoit pas le cas où le conjoint demeure seul en présence de l'enfant naturel.

Lorsqu'il en est ainsi, le conjoint recueille, soit *ab intestat*, soit en vertu des dispositions de son contrat de mariage, ce qui doit lui revenir du patrimoine du défunt, sans que l'enfant naturel puisse lui faire obstacle.

Mais remarquons que, si le conjoint est lui-même écarté par des héritiers légitimes qui lui sont préférables, l'enfant naturel peut se présenter et recueillir malgré lui ce que la loi lui accorde, en vertu du principe bien connu : *Si vinco vincentem te, a fortiori vinco te.*

Remarquons en second lieu que, si le conjoint ne vient pas à la succession *ab intestat* ou en vertu de son contrat de mariage, mais en vertu d'un testament ou d'une donation postérieure au mariage, l'enfant peut, dans ce cas, exercer ses droits contre lui, parce que cet article n'est plus applicable: «Cet article, dit M. Dalloz, ne protége que l'époux ; or, ce n'est point l'époux qui combat les prétentions de l'enfant naturel, c'est le légataire ; et de ce que le légataire se trouve être en même temps l'époux, on ne doit pas conclure que les deux qualités soient confondues.»

Telle est l'exception mise par l'art. 337 à la règle que la reconnaissance, acte de l'état civil, est valable envers et contre tous. Nous n'avons pas vidé toutes les questions que peut soulever cette disposition ; nous nous sommes bornés à développer la restriction qu'elle apporte aux principes renfermés dans la loi ; savoir que le droit de succession *ab intestat* n'est pas accordé à tous les enfants illégitimes, qu'il n'appartient qu'aux enfants naturels simples à l'exclusion des enfants adultérins et incestueux ; que cet enfant naturel doit avoir été reconnu légalement ; que cette reconnaissance enfin peut se faire utilement à quelque époque que ce soit :

La personnalité juridique de l'enfant naturel étant établie, demandons-nous quels sont, en cette qualité, ses droits successoraux ? La reconnaissance ne crée de rapports légaux qu'entre cet enfant et son père et sa mère lui-même et lui seul ; de telle sorte que, du chef de son auteur, il n'a aucun parent aux yeux de la loi, ni dans la ligne ascendante (autre que son père ou sa mère), ni dans la ligne collatérale. De ce que cet enfant n'entre pas dans la famille, de ce que les seuls parents sont ceux dont il tient le jour et ses frères naturels, il faut nécessairement en conclure qu'il n'a de droits à exercer que dans la succession de son père et de sa mère, d'une part, et, en second lieu, dans celle de ses frères et sœurs naturels.

L'enfant naturel aura les mêmes droits sur les biens soit de son père, soit de sa mère, lorsqu'il a été reconnu soit par l'un, soit par l'autre ; la loi ne fait, à cet égard, aucune différence entre le père et la mère, et ce que nous dirons de l'un, devra toujours être également appliqué à l'autre. Pas de doute non plus que l'enfant naturel, qui a été reconnu à la fois par son père et par sa mère, n'ait droit, dans la succession de chacun d'eux, à la portion de biens que notre Code lui attribue.

Ces préliminaires posés, nous allons, laissant de côté les relations que le lien du sang établit entre frères et sœurs naturels, examiner, quelle part la loi a faite à l'enfant naturel dans les biens de son père et de sa mère, en un mot discuter son droit lui-même, sa nature, ses conditions d'exercice et sa quotité.

SECTION DEUXIÈME.

DU DROIT DE L'ENFANT NATUREL DANS LA SUCCESSION DE SON PÈRE ET DE SA MÈRE, CONSIDÉRÉ EN LUI-MÊME.

—

PREMIÈRE DIVISION.

DROITS DE L'ENFANT NATUREL ENVISAGÉS DANS LEUR LATIUTDE, OU DE SA NATURE HÉRÉDITAIRE.

L'enfant naturel a un droit à exercer sur les biens de son père et de sa mère. Il est successeur irrégulier, et comme tel, il ne peut être confondu avec l'héritier, c'est à dire avec l'enfant ou le parent légitime.

L'héritier est le représentant même du défunt; le patrimoine, avec tous ses droits et aussi toutes ses charges, est venu, au moment de la mort, s'incorporer en lui; le mort l'a saisi, l'a investi de sa personne juridique, et non-seulement la propriété de tous ses biens, mais la possession, ce fait si proche du droit, se continuent, sans interruption, du mort au vivant.

Au contraire, l'enfant naturel ne représente pas son père, il hérite bien du droit de réclamer la possession, mais non pas de la possession; il n'est pas héritier, dans le sens ordinaire du mot; il ne peut recevoir ce nom dans la langue précise et nette de la loi positive: la tache de sa naissance creuse un abîme entre lui et la famille légitime, et lui imprime un caractère d'infériorité. Le Code ne l'admet, qu'exceptionnellement, qu'irrégulièrement, pour parler son propre langage, à prendre une part dans la succession des seuls parents qu'il lui laisse, c'est à dire, de ceux qui lui ont donné le jour et l'ont légalement avoué pour leur enfant.

Toutefois, hâtons-nous de le dire, l'infériorité de l'enfant naturel n'est que relative ; elle ne peut se justifier que par la nécessité de protéger la famille et de favoriser la descendance légitime, et lorsque cette nécessité n'existe pas, continuer à faire peser sur la tête de l'enfant une faute dont il n'est pas coupable, constituerait une iniquité absurde. Aussi aurons-nous à distinguer profondément, d'une part, le cas où des parents légitimes se trouvent appelés à la succession et le cas où il ne s'en trouve pas. Dans le premier cas, irrégularité de droit et de fait, inégalité des parts, graduée suivant la classe des héritiers légitimes ; dans le second cas, irrégularité de droit, régularité de fait. Dans le premier cas, le père est membre d'une famille légitime; l'enfant naturel se trouve exclu et n'arrive à la succession que grâce à l'exception introduite en sa faveur ; dans le second, le père, soit qu'enfant naturel lui-même, il n'ait jamais eu de famille légitime, soit que tous ses parents au degré successible soient morts avant lui, n'a d'autre famille que la famille irrégulière qu'il a fondée hors des conditions de légitimité ; il n'y a donc pas, dans ce cas, de parents légitimes à favoriser ; la force des choses et la lettre de la loi s'unissent pour relever l'enfant naturel de son incapacité, du moins quant à l'attribution des biens.

Avant d'étudier l'un et l'autre cas, résumons en quelques propositions les principes qui régissent toute cette matière :

1° La loi n'exclut pas les enfants naturels, comme tels, de tout droit de succession.

2° Quand ils se trouvent en concours avec des enfants ou des parents légitimes, leur part doit être moindre que s'ils étaient légitimes. Cette part varie selon la qualité des héritiers.

3° Quand le défunt n a laissé aucun parent au degré successible, alors l'enfant naturel recueille toute la succession.

4° Dans le cas même où l'enfant naturel prend la totalité de la succession, à défaut de parents, il n'est pas un héritier, mais un successeur irrégulier, et n'a pas le privilége de la saisine héréditaire.

PREMIÈRE SUBDIVISION.

DROITS DE L'ENFANT NATUREL EN CONCOURS AVEC DES HÉRITIERS LÉGITIMES.

CHAPITRE I.

NATURE DE CE DROIT.

«Les enfants naturels, dit l'art. 756, ne sont point héritiers ; la loi ne leur accorde de droit sur les biens de leur père ou mère décédés que lorsqu'ils ont été légalement reconnus. Elle ne leur accorde aucun droit sur les biens des parents de leur père ou mère.» Les enfants naturels ne sont donc pas héritiers. Les droits héréditaires, en effet, sont établis par la loi civile en faveur des parents légitimes, pour servir de lien à la famille qui forme la base de l'ordre social. Sans ce lien matériel; sans cet intérêt pécuniaire, le lien intellectuel, le sentiment d'affection, serait souvent, chose triste à penser, impuissant à conserver l'union et la bonne harmonie qui doivent exister entre parents. Indépendamment de ce qu'elle a sa raison d'être, sa cause philosophique, dans la perpétuité du droit de propriété, l'hérédité se fonde de la sorte, en politique, sur l'intérêt social; et c'est l'intérêt social qui la réserve aux membres de la famille légitime, qui la refuse aux personnes dont la loi n'a pas produit ou consacré la parenté. En déclarant que les enfants naturels ne sont pas héritiers, le législateur a donc appliqué ce principe : il a refusé de suivre l'exemple funeste qui lui avait été donné dans la loi de Brumaire.

Cependant il a semblé au législateur que les parents naturels, en donnant le jour à leur enfant, contractaient envers lui une dette sacrée; qu'ils étaient responsables de son avenir; qu'ils devaient assurer son existence, dans la mesure de leurs propres facultés; et que c'était là pour eux une obligation si impérieuse, que la mort elle même ne les en pouvait délier. C'est pourquoi, voulant remplir l'enfant naturel de la créance qu'il lui reconnaissait contre les parents, il ne se contenta pas de lui accorder le droit de réclamer, de leur vivant et dans une certaine mesure, leur assistance morale et pécuniaire; mais il voulut encore, après leur décès, lui accorder sur leur succession un droit que consacre l'art. 756, et que nous allons examiner.

Les enfants naturels ne sont pas héritiers. Soit! Mais que sont-ils? L'art. 756 porte que la loi leur accorde un droit...... Mais quelle est la nature de ce droit?

Les opinions sont partagées sur ce point. Deux systèmes sont en présence.

Dans le premier, on soutient que ce droit n'est toujours qu'une *créance*. Aux termes de l'art. 756, dit-on, les enfants naturels ne sont point *héritiers*; or, s'ils ne sont point *héritiers*, ils n'ont pas un droit héréditaire, c'est à dire un *jus in re*, un droit de propriété; et s'ils n'ont pas un droit de propriété, un *jus in re*, ils ne peuvent avoir qu'un *jus ad rem*, c'est à dire qu'une créance.

La cause sur laquelle est fondée le droit de l'enfant naturel, ajoute-t-on en raisonnant d'après ce système, est l'obligation personnelle contractée envers lui par son père ou par sa mère, de subvenir à ses besoins; mais la base même sur laquelle repose la transmission héréditaire des biens, cette espèce de *condominium*, de copropriété, manque entièrement à l'égard des enfants naturels. Donc, l'enfant naturel n'étant pas *héritier*, on décide qu'il faut lui déclarer inapplicables tous les articles où le Code emploie le mot *héritier*; qu'en conséquence la part des héritiers renonçants ne lui profite point, par droit d'accroissement; que n'ayant pas un *jus in re*, il ne peut exiger le rapport, ni agir par l'action en revendication contre les tiers acquéreurs auxquels l'héritier aurait transmis les immeubles héréditaires, qu'il ne peut, pour le même motif, demander un partage par voie de tirage au sort, etc.

Suivant le second système, qui, il faut le reconnaître, est le plus rationnel, quoique ce ne soit pas à titre d'héritier, c'est bien un droit réel que l'art. 756 accorde à l'enfant naturel sur la succession de ses parents ; un droit analogue à celui du légataire universel, qui devient par succession, et non par l'effet d'une obligation, propriétaire des choses héréditaires. A l'égard des héritiers légitimes et des tiers, l'enfant naturel est donc un successeur et non pas un créancier ; un successeur irrégulier sans doute, auquel on n'accorde pas la même confiance qu'aux héritiers légitimes ; auquel on refuse la saisine ; qu'on oblige à venir en justice justifier de ses titres et demander l'investiture ; mais un successeur qui, pour devenir propriétaire des biens héréditaires, n'est pas obligé d'agir contre les héritiers légitimes, et en la personne duquel la propriété se trouve de plein droit transférée au moment du décès du *de cujus*.

Savoir quelle est la nature du droit de l'enfant naturel n'est pas une question purement doctrinale ; d'après ce qui précède, il est facile de se convaincre qu'un grand intérêt pratique s'y rattache.

Le droit de l'enfant naturel n'est pas un droit de créance, mais un droit de propriété. En effet, la première rédaction de l'art. 756, qui règle les droits de l'enfant naturel, portait : l'enfant naturel a sur les biens de son père décédé *un droit de créance*. Mais, sur l'observation du consul CAMBACÉRÈS, le mot *créance* fut effacé, il ne resta plus que le mot *droit*. Ce serait déjà là une preuve que ce n'est pas un droit de créance ; mais bien un droit de propriété que les rédacteurs ont entendu accorder à l'enfant. Ce n'est pas tout, les divers articles relatifs aux droits des enfants naturels, sauf un seul (qui précisément ne peut pas donner lieu à doute), se servent toujours d'expressions qui révèlent un *jus in re*. «La loi accorde des droits aux enfants naturels *sur* les biens.... etc. Le droit de l'enfant naturel *sur* les biens de ses père et mère... etc.» En outre le législateur accorde à l'enfant naturel une quote-part de ce qu'il aurait eu s'il eût été légitime; or l'enfant légitime a un droit de propriété sur les biens de la succession, donc l'enfant naturel a la propriété d'une certaine quotité de la succession, donc l'enfant naturel a la propriété d'une certaine quotité de la succession. Enfin l'époux et l'État qui, eux aussi, sont des successeurs irréguliers, acquièrent un droit de propriété; la loi ne dit pas qu'ils peuvent, en qualité de créanciers, réclamer la succession du défunt (d'ailleurs contre qui la réclameraient-ils?), mais que les biens de la succession appartiennent au conjoint, et qu'à défaut de conjoint survivant, la succession est acquise à l'État. Certes, voici des expressions incompatibles avec toute idée de créance; et puisque l'enfant naturel est préféré au conjoint et à l'État, pourquoi lui contesterait-on un droit indubitablement accordé aux autres successeurs irréguliers? Une remarque que nous pouvons encore faire, c'est qu'aux termes de l'art. 711, la propriété s'acquiert par succession, et que cet article ne distingue pas entre les successeurs légitimes et les successeurs irréguliers.

L'enfant naturel est (les preuves abondent pour le démontrer) propriétaire. Qu'il survive un seul instant au père naturel, la propriété de sa part se transmet à ses propres héritiers, non pas seulement à ses enfants légitimes, mais à ses enfants naturels, à ses frères et sœurs naturels, à ses héritiers testamentaires.

Mais, ne l'oublions pas, il n'est pas héritier, il ne peut donc avoir la saisine. La saisine est la fiction légale qui investit le représentant du défunt de l'ensemble des droits et obligations constituant le patrimoine de ce dernier; cette investiture idéale s'opère au moment même de l'ouverture de la succession et porte tant sur la possession que sur la propriété de l'hérédité.

De ce que l'enfant naturel n'a pas la saisine de la part que la loi lui accorde dans la succession de ses auteurs, il résulte qu'il est obligé d'en demander la délivrance à ceux qui sont les véritables héritiers; ou de se faire envoyer en possession par justice. Art. 724.

C'est là un point qui ne souffre plus de discussion. M. VALETTE cependant s'éloigne du système reçu. Il accorde aux successions irrégulières la saisine légale quant aux droits considérés en eux-mêmes, et sans faire de distinction entre la possession et la propriété; quant à l'exercice de ces droits, soit actifs, soit passifs, la saisine, d'après lui, est judiciaire. Cette opinion ne nous semble pas fondée; car, d'une part, l'enfant naturel est toujours obligé de se faire envoyer en possession, et s'il devait être censé possesseur sans posséder réellement, que signifierait l'irrégularité de son titre? D'autre part, quand il concourt avec des parents légitimes, l'intervention de la justice n'est pas forcée; on ne peut donc pas parler de saisine judiciaire en termes aussi absolus.

Mais ne le perdons pas de vue, si l'enfant naturel n'a pas la saisine, son droit dans la succession de ses père ou mère n'en est pas moins, sauf la quotité, absolument de même nature que le droit des héritiers légitimes; c'est à dire que ce droit est un droit héréditaire dans la masse indivise de la succession.

« Les enfants naturels, dit M. DEMOLOMBE, ne sont pas héritiers *légitimes!* Il est vrai; mais ils sont *successeurs*; ils sont *loco hæredum*; ils ont enfin, quoique n'étant pas *héritiers*, un véritable droit *héréditaire*, semblable, quant à sa nature, au droit des héritiers légitimes, et qui doit produire dès lors, activement et passivement les mêmes effets» (DEMOLOMBE, *Traité des successions*, t. 2, p. 32. — MERLIN, *Rép.*, v° *Bâtard*, sect. 2, § 4. — CHABOT, art 756, n° 10. — DURANTON, t. 6, n° 269. — MARCADÉ, art. 756, n° 1. — MALPEL, n° 161. — POUJOL, art. 756, n° 6. — DEMANTE, t. 3, n° 74. bis. — TOULLIER, t. 2, n° 248-249. — DELVINCOURT, t. 2, p. 22, note 4. — Amiens, 26 nov. 1811, Sir., 1812, 2, 401. — Paris, 22 mai 1813, Sir., 1813, 2, 323. — Cass., 25 août 1813, Sir., 1816, 1, 13. — Poitiers, 10 avril 1832, Sir., 1832, 2, 379. — Toulouse, 15 mars 1834, Sir., 1834, 2, 538. — Cass., 16 juin 1847, Sir., 1847, 1, 660. — Paris, 30 juin 1851, Sir. 1852, 2, 360.)

CHAPÎTRE II.

De la quotité de ce droit.

Après avoir spécifié la nature du droit de l'enfant naturel, il convient d'en déterminer l'étendue par l'étude des art. 757 et 758.

L'art. 757 est ainsi conçu: «Le droit de l'enfant naturel sur les biens de ses père ou mère décédés, est réglé ainsi qu'il suit:

«Si le père ou la mère a laissé des descendants légitimes, ce droit est d'un tiers de la portion héréditaire, que l'enfant naturel aurait eue, s'il eût été légitime; il est de la moitié lorsque les pères ou mère ne laissent pas de descendants, mais bien des ascendants, ou des frères ou sœurs; il est des trois quarts, lorsque les père ou mère ne laissent, ni ascendants, ni frères, ni sœurs.»

L'art. 758 porte; «L'enfant naturel a droit à la totalité des biens, lorsque ses père ou mère ne laissent pas de parents au degré successible.»

Le premier de ces deux articles, qui règle la quotité des droits successifs de l'enfant naturel en présence des héritiers, établit une échelle d'après laquelle cette quotité varie en raison inverse de la faveur que mérite aux yeux de la loi la classe des parents légitimes avec laquelle il est en concours. Cette quotité se trouve donc plus restreinte lorsqu'il y a des enfants légitimes, plus étendue lorsqu'il n'y que des ascendants ou frères ou sœurs, et plus considérable encore lorsque les parents successibles sont à des degrés plus éloignés.

Dans le premier cas, le droit de l'enfant naturel est d'un tiers de la portion héréditaire qu'il aurait eue, s'il eût été légitime; dans le second cas, le droit est de la moitié; dans le troisième, il est des trois quarts; mais il ne s'élève jamais à la totalité tant qu'il y a des héritiers légitimes.

Ce règlement est fondé sur deux motifs: M. Demolombe nous les indique en ces termes. «On peut dire d'abord qu'il est conforme aux affections et par suite à la volonté probable du défunt, qui doit être présumé avoir voulu laisser une part plus ou moins grande à son enfant naturel, suivant la qualité et le degré de proximité de ses parents légitimes.

«Cette première raison toutefois n'est ici que très-secondaire.

«La raison capitale, c'est que le législateur, dans l'intérêt du mariage, c'est à dire dans un intérêt d'ordre public a voulu sauvegarder lui-même souverainement les droits de la famille légitime, en présence de l'enfant naturel; et c'est, en effet, dans l'intérêt des parents légitimes, qui est, en même temps, l'intérêt des convenances sociales, que le législateur a déterminé la part de l'enfant naturel.

«On conçoit dès lors qu'en prenant pour base de son règlement cet intérêt des parents légitimes, en regard, s'il est permis de dire ainsi, de l'intérêt de la société, il ait dû élever ou abaisser la proportion des droits de l'enfant naturel, suivant la qualité des parents et la proximité de leur degré; car, d'une part, l'intérêt des parents est plus ou moins légitime et respectable, suivant leur qualité et leur degré; et d'autre part aussi, les convenances sociales autorisent elles-mêmes à faire à l'enfant naturel une part plus ou moins forte, en raison de la qualité et de la proximité des parents avec lesquels il concourt. » (DEMOLOMBE, *Traité des Successions*, t. 2, p. 55.)

En résumé, non-seulement l'enfant naturel ne prend pas une part égale à celle de son frère légitime, mais encore lorsqu'il est seul descendant du défunt, il n'exclut pas, comme le ferait un enfant légitime, tous les ascendants et collatéraux du *de cujus*; il vient en concours avec eux, et n'exclut que le conjoint et l'État.

Examinons les différentes hypothèses qui peuvent se présenter.

1. *Du concours de l'enfant naturel avec des descendants légitimes.*

Lorsque le père laisse des enfants légitimes et un enfant naturel, point de difficulté. Le droit de l'enfant naturel est d'un tiers de la portion héréditaire qu'il aurait eue, s'il eût été légitime. C'est pourquoi, on partage la succession en autant de parts qu'il y a d'enfants, y compris l'enfant naturel, et l'on donne à ce dernier le tiers de la part qu'il aurait eue s'il était légitime; soit un sixième, un neuvième, un douzième, suivant qu'il se trouve en concours avec un, deux, trois frères légitimes, etc. Rien n'est, comme on le voit, plus simple.

N'oublions pas que l'art. 757 accorde à l'enfant naturel un tiers de la portion, qu'il aurait eue, s'il eût été légitime, et non pas le tiers de la portion héréditaire d'un enfant légitime.

Ces deux formules sont bien différentes; un exemple nous montrera qu'elles aboutissent à des résultats trés-dissemblables.

Supposons que le père laisse un enfant légitime et un enfant naturel. La fortune du défunt est de 60.000 francs. Si on accordait à l'enfant naturel le tiers de la part qui revient à l'enfant légitime, il aurait, dans cette hypothése, 15,000 francs et l'enfant légitime n'obtiendrait que 45,000 francs, Au contraire, en suivant les dispositions de l'art. 757, c'est à dire en attribuant à l'enfant naturel le tiers de la portion qu'il aurait eue, s'il eût été légitime, nous arrivons au résultat que voici; Part de l'enfant légitime 50,000 francs; Part de l'enfant naturel 10.000 francs. Telle est la véritable solution.

Ceci établi il nous sera facile de réfuter l'opinion de M. Blondeau: «Quelle réduction, dit cet auteur, fait éprouver à l'enfant légitime l'enfant naturel venant en concours avec lui? Et quelle est la part de la succession qui appartient à ce même enfant naturel? c'est une question difficile; et nous ne croyons pas avoir besoin de la traiter ici. Nous indiquerons seulement notre système; il consiste à considérer la portion héréditaire comme une action sociale; les enfants légtimes ont chacun une action totale; et les enfants naturels n'ont chacun qu'un tiers d'action. En consequence, un enfant naturel, en concours avec un seul enfant légitime, prend 1/4 de la succession, et l'enfant légitime 3/4. » M. Blondeau, *Traité de la séparation des patrimoines*. p. 528, note 2.)

Ce système n'est pas sérieux. C'est violer manifestement la loi, que de donner à l'enfant naturel un quart, dans l'hypothèse la plus simple de toutes, ou d'après l'application textuelle de l'art. 757, il ne doit avoir qu'un sixième, (Demolombe, t. 2, p. 76.)

Que décider si l'enfant naturel, se trouvant en concours avec deux frères légitimes, par exemple l'un d'eux vient à renoncer ou à être déclaré indigne? Nous pensons que la part de l'enfant naturel, dans ce cas, sera d'un sixième, absolument comme s'il n'avait eu qu'un frère légititime, car ce n'est pas l'existence des successibles, mais leur concours comme héritiers qui réduit les droits successifs de l'enfant naturel, l'enfant légitime déclaré indigne ou renonçant ne fait pas nombre, et nous ne croyons pas qu'on puisse, ainsi qu'on l'a fait, conclure des expressions de l'art. 757: «Si le père ou la mère a laissé des descendants», que c'est l'existence seule des successibles qui opère la réduction des droits de l'enfant naturel, et non leur présence au partage.

Si maintenant nous modifions un peu notre espèce et que nous supposions un enfant naturel en présence d'un enfant légitime renonçant, mais laissant lui-même des enfants, qui acceptent la succession de leur grand père, quel sera la position de l'enfant naturel?

D'après CHABOT et DURANTON, l'enfant naturel n'aurait droit qu'à un sixième, parce que cet enfant ne pouvant recueillir toute la succession que lorsqu'il n'y a pas d'héritiers au degré successible, ne peut pas exclure les petits-enfants, qui, bien que venant de leur chef, devront être réputés à l'égard de l'enfant naturel venus par représentation, et le réduiront par conséquent à la part qu'il aurait eue s'il eût concouru avec leur père, soit à un sixième.

Cette opinion est, à notre avis, complétement inconciliable avec la disposition qui fixe la quotité du droit de l'enfant naturel. Mais avant tout, les petits-enfants ne peuvent, dans l'espèce, venir par représentation, car «on ne vient jamais par représentation d'un héritier qui a renoncé;» l'art. 787 est formel. Et pas une seule disposition du Code ne suppose la représentation dans des cas où elle n'a pas lieu réellement. Ensuite, l'enfant naturel, dans l'opinion que nous rejetons, n'aurait pas le tiers de ce qu'il aurait eu s'il eût été légitime. S'il l'avait été en effet qu'aurait-il recueilli? La totalité de la succession, parce qu'il aurait exclu les enfants de son frère. Il doit donc avoir le tiers de ce qu'il aurait eu, c'est à dire de la totalité. Si les deux autres tiers passent aux petits-enfants, c'est parce que l'enfant naturel ne pouvant les recueillir, ils sont dévolus aux héritiers les plus proches. (AUBRY ET RAU, t. 5, p. 103; — MARCADÉ, art. 757; — DEMOLOMBE t. 2, p. 82; — MALPEL, n° 159; — *Contra*, CHABOT, sur l'art. 757, n° 5, — DURANTON, t. 6, n° 274.)

Ainsi, envisager fictivement l'enfant naturel comme légitime, faire dans cette hypothèse la part de tous les ayants-droit, sur cette part fictive de l'enfant naturel calculer le tiers et le lui attribuer définivement, telle est la marche à suivre pour la fixation de ses droits quand il se trouve concourir avec des descendants légitimes. La part de ceux-ci ne se détermine qu'après cette fixation, puisque cette fixation a pour effet de restreindre la masse à partager entre les héritiers légitimes. C'est ce qu'il ne faut jamais perdre de vue, surtout quand la présence de plusieurs enfants naturels vient compliquer l'opération.

Lorsqu'il existe plusieurs enfants naturels en concours avec un ou plusieurs enfants légitimes, comment calculera-t-on la part qui doit revenir à chacun d'eux?

« Le mode de supputation ci-dessus indiqué, disent MM. Aubry et Rau, doit également être suivi lorsqu'il existe plusieurs enfants naturels. Ainsi, on fait d'abord entre les descendants légitimes et les enfants naturels un partage fictif dans lequel ces derniers sont tous simultanément envisagés comme enfants légitimes, et on obtient ensuite la portion revenant en réalité à chaque enfant naturel, en prenant le tiers de celle que lui a attribuée ce partage fictif. En supposant, par exemple, une hérédité d'une valeur de vingt-sept mille francs, à laquelle se trouvent appelés un enfant légitime et deux enfants naturels, on commencera par partager l'hérédité entre les trois enfants, comme s'ils étaient tous légitimes, ce qui donnera à chacun deux neuf mille francs, et le tiers de cette somme indiquera la portion effective de chaque enfant naturel. Ils recevront ainsi ensemble six mille francs, et les vingt et un mille francs restants appartiendront à l'enfant légitime.» (AUBRY et RAU, t. V, p. 104).

Pour déterminer la part de chacun des enfants naturels, on considère donc tous ces enfants en masse et simultanément comme légitimes; on fait provisoirement le partage égal de la succession entre eux et les descendants légitimes; on retranche ensuite les deux tiers de la part fictive attribuée, dans le partage provisoire, à chacun des enfants naturels. Le tiers restant forme la part de chacun d'eux et les deux autres tiers provenant de ces retranchements augmentent exclusivement la part de l'enfant ou des enfants légitimes. Rien n'est plus simple, d'ailleurs, dans l'application que ce système. Multiplions par le nombre trois chaque enfant, soit légitime, soit naturel, dans le total ainsi obtenu, nous obtiendrons la part de chaque enfant naturel qui consistera dans une unité.

Tel est le système admis par la jurisprudence des arrêts et défendu par la plupart des auteurs. (DEMOLOMBE, t. V, p. 85; — AUBRY et RAU, t. V, p. 104; — CHABOT, art. 757, n° 3; — DEMANTE, t. III, n° 75 bis, 4 et 5; — MERLIN, *Quest. de dr.*, v. *Réserve*, § 1 et 2; — MALPEL, n° 161; — DURANTON, t. VI, n° 275-278; — DELVINCOURT, t. II, p. 21, note 5; — TOULLIER et DUVERGIER, t. II, n° 234, 236, 248; — DUCAURROY, BONNIER et ROUSTAING, t. II, n° 511-513; — MARCADÉ, art. 757, n° 3; — TAULIER, t. III, p. 173; — Comp. Cass., 26 juin 1809; Sir., 1809, 1, 337; — Cass., 28 juin 1831, DALLOZ, 1831, 1, 217.

Malgré le poids des arrêts, malgré l'autorité des auteurs, ce système a soulevé de nombreuses critiques.

Une première objection est celle-ci : Le Code n'a pas prévu le cas où plusieurs enfants naturels se trouveraient en présence d'un ou de plusieurs enfants légitimes; il n'a eu en vue que la simple hypothèse du concours d'un enfant naturel avec la famille du défunt. En effet, l'art. 757 parle de *l'enfant naturel*. Ce n'est pas là une difficulté. Notons d'abord la rubrique du chapitre IV : *Des droits des enfants naturels*. L'art. 756 s'exprime également au pluriel : *les enfants naturels*. Enfin l'art. 757 lui-même, malgré ces termes équivoques : *enfant naturel*, ne laisse aucun doute sur l'intention du législateur qui a prévu le cas où il y a plusieurs enfants naturels comme celui où il n'y en a qu'un seul.

Une seconde objection n'est pas plus sérieuse. Ce système, dit-on, est contraire au texte de l'art. 757; car, d'après cet article, l'enfant naturel doit avoir un tiers de la portion qu'il aurait eue s'il eût été légitime; or, pour arriver à ce but, il faut lui attribuer, comme s'il eût été légitime, une portion dans les retranchements opérés sur la part des autres enfants naturels. Cette objection suppose que les enfants naturels ne doivent être considérés comme légitimes, d'après l'article 757, que successivement et les uns après les autres; or, nous l'avons vu, d'après ce même article, les enfants naturels doivent être tous en même temps considérés comme légitimes; donc cette objection n'est qu'une pétition de principe qui se trouve déjà par avance réfutée.

On reproche également à ce système de blesser la raison et les principes. Comment se fait-il, se demande-t-on, que la présence d'enfants naturels, qui prennent une part restreinte de la succession, diminue la part de l'enfant naturel tout autant que le même nombre d'enfants légitimes dont les parts sont beaucoup plus considérables? Pourquoi n'a-t-on égard qu'au nombre des concurrents, sans tenir aucun compte de leurs qualités si différentes? A cela on répond que si l'art. 757 détermine lui-même ce mode de procéder, c'est lui-même finalement qui veut que l'enfant naturel, en concours avec un autre enfant naturel et un enfant légitime, n'ait pas une part plus forte que s'il était en concours avec deux enfants légitimes, et qu'effectivement la loi a désiré que les retranchements qui sont opérés sur la part des enfants naturels, dans l'intérêt des enfants légitimes, ne profitassent, en définitif, qu'à ceux-ci.

Enfin, on reproche à ce système d'être contraire à l'équité. Cette objection est certainement très-grave. Oui, nous le reconnaissons, le concours des enfants naturels peut avoir des résultats très-préjudiciables pour eux, à mesure que leur nombre augmente. Mais cette irrégularité de répartition n'est pas une seconde atteinte à leur droit; elle est la suite de l'inégalité fondamentale des rapports d'enfants naturels à légitimes dans la succession paternelle, où les uns sont envisagés défavorablement, les autres, au contraire, protégés et avantagés par la loi.

En résumé, il n'y a pas de contradiction dans le système que nous avons développé; toutes les conséquences répondent à l'ensemble des dispositions sur la matière et se justifient, en droit positif, tant par une appréciation nette des vues du législateur que par l'enchaînement forcé des principes dont elles découlent.

Après avoir dégagé notre système de toute critique,

il importe d'en faire remarquer les avantages. M. DEMOLOMBE nous dit à ce propos: « Ce système a, en outre, sur tous les autres, un double avantage : 1° Il offre une grande simplicité de calcul dans la pratique, et peut-être a-t-on montré, en cette occasion, trop de dédain pour la *pratique!* (*Comp.* GROS, n° 32) car une législation est faite apparemment pour être pratiquée, et cela n'est pas un médiocre avantage pour un système que de ne pas jeter dans les affaires de trop grandes complications de chiffres et de véritables problèmes d'algèbre ; 2° il évite les contradictions et les inconséquences auxquelles tous les autres systèmes sont soumis, lorsque, par exemple, ils se trouvent forcés, comme nous le verrons, d'accorder aux enfants naturels, contre des enfants légitimes, plus de la moitié de la succession, c'est-à-dire une part plus forte que celle que les enfants naturels pourraient obtenir contre des ascendants, ou des frères ou sœurs. » (DEMOLOMBE, t. II, p. 90.)

A ce système, qu'on peut appeler *le système de la pratique*, on oppose plusieurs autres systèmes : certains, d'entre eux, sont assez subtils ; nous allons les examiner.

Un premier système consiste à soutenir que si un enfant naturel a droit au tiers de la portion d'un enfant légitime, deux enfants naturels auront droit aux deux tiers de cette portion, et que trois enfants naturels devront prendre ensemble autant qu'un enfant légitime. Bref, d'après cette opinion, on compte trois enfants naturels pour un enfant légitime, six pour deux, neuf pour trois, etc. (*Com.* THÉMIS, t. 7, p. 274 ; BLONDEAU, *De la séparation des patrim.*, p. 328, note 2.)

Un reproche très-grave à faire à ce système, c'est qu'il ne peut facilement fonctionner que dans le cas où il y aura trois, six, neuf, etc., enfants naturels; mais quand il y en aura deux, quatre, cinq, etc., comment procédera-t-on? On retombera dans des calculs inextricables. Puis (raison plus sérieuse encore), ce mode de supputation est tout à fait inconciliable avec le texte de l'art. 757, qui attribue à l'enfant naturel, non le tiers de la part d'un enfant légitime, mais le tiers de la part qu'il aurait eue lui-même, s'il eût été légitime, ce qui est bien différent.

D'après un autre système, on détermine la part de chaque enfant naturel en particulier, absolument comme s'il était légitime et avait à concourir avec des frères légitimes et des frères naturels. Si, par exemple, un homme meurt laissant deux enfants légitimes et trois enfants naturels, on supposera pour déterminer la part d'un enfant naturel, qu'il a à partager avec deux frères légitimes et deux frères naturels, et on répétera cette opération pour chaque enfant naturel. (*Comp.* Unterholtzner, *Juristische Abhandlungen*, n° 1, p. 15.) Le vice de ce mode de supputation consiste en ce que chaque enfant naturel suppose, pour arriver à la discussion de sa propre part, que celle de son frère naturel se trouve déjà fixée, tandis qu'elle ne l'est point encore, et finit par réclamer une part supérieure à celle qu'il attribue fictivement à ce dernier, quoique les enfants naturels aient tous des droits égaux. En second lieu, il pourrait résulter de ce système que les enfants naturels, obtiendraient contre les enfants légitimes plus de la moitié de la succession, c'est-à-dire une portion plus forte que celle à laquelle les enfants naturels, quel que fût leur nombre, pourraient jamais avoir droit contre un frère ou un ascendant. Or, un tel résultat est évidemment impossible.

Reste un dernier système. Ce système, fort ingénieux, connu dans la doctrine sous le nom de *système de la répartition*, a été proposé par M. Gros et adopté par M. Valette. En voici l'application :

Un enfant naturel en concours avec un enfant légitime reçoit un sixième ; l'enfant légitime cinq sixièmes. Le rapport établi par la loi est donc de un à cinq. Quel que soit le nombre des enfants naturels, l'enfant légitime devra recueillir une part cinq fois plus forte que celle attribuée à chacun d'eux. S'il existe deux enfants naturels, la succession sera divisée en sept parts ; l'enfant légitime en prendra cinq ; chaque enfant naturel une, et ainsi de suite, suivant le nombre des enfants naturels. Si l'on suppose maintenant plusieurs enfants légitimes en concours avec plusieurs enfants naturels, le calcul sera absolument le même. On déterminera le rapport existant entre la part de chacun des enfants légitimes et la part de chacun des enfants naturels, à supposer qu'il fût seul. Le rapport étant établi, on le maintiendra entre la part attribuée à chacun des enfants naturels. C'est à ce raisonnement que se réduisent les équations algébriques qui constituent la démonstration de ce système.

Étudions, en elle-même, cette opération algébrique : Appelons X la part définitive d'un enfant naturel, H l'hérédité ou la masse à partager, L la part de l'enfant légitime dans le calcul fictif, et L' la part d'un enfant naturel supposé légitime. Nous avons immédiatement les deux égalités suivantes : $L = L'$ et $L + L' + X =$

H. Voici maintenant le raisonnement que peut faire chacun des enfants naturels : Si j'étais légitime, l'enfant légitime et moi partagerions par moitié l'hérédité diminuée de X, part de mon frère naturel. Or, cette part X doit être égale à ma part définitive, qui est le tiers de L', part que j'aurais si j'étais légitime. Donc $\frac{L'}{3} = X$, ou encore, multipliant de part et d'autre par 3, $3 X = L'$; et comme $L' = L$, nous aurons $L' + L = 6 X$. Or, nous avions comme première égalité $L + L' + X = H$. Remplaçons-y L et L' par leur valeur en X, nous aurons $6 X + X = 7 X = H$, et en divisant de part et d'autre par 7 : $X = \frac{H}{7}$. C'est donc $\frac{1}{7}$ qui formera la part de chacun des deux enfants naturels. Les autres $\frac{5}{7}$ seront la portion de l'enfant légitime.

Prenons maintenant deux enfants légitimes en concours avec quatre enfants naturels. Nous procéderons encore de la même manière. Si l'un de ces enfants naturels était légitime, il aurait L', et les deux enfants légitimes ensemble 2 L ; chacun des trois enfants naturels restants prendrait X, part définitive aussi du quatrième et qui équivaut donc à un tiers de L'. Par conséquent, L' vaut 3 X; 2 L, valant 2 L', vaudront 6 X; $L' + 2 L = 9 X$. Or, $2 L + L' + 3 X = H$: et remplaçant les lettres L et L' par leur valeur en X, $9 X + 3 X, = 12 X = H$. Donc $X = \frac{H}{12}$. Ensemble les quatre enfants naturels obtiendront $\frac{4}{12}$; les $\frac{8}{12}$ restants se partageront entre les deux enfants légitimes. (Gros, *Revue de droit français et étranger*, t. 1, année 1844, p. 807 ; — Mourlon, t. 2, p. 62-63.)

Il résulte de ces observations, que lorsqu'un enfant naturel concourt avec un enfant légitime, le rapport établi entre la part de l'enfant naturel et celle de l'enfant légitime est de un à cinq. Rien n'est plus facile que de conserver ce rapport, quel que soit le nombre des enfants naturels en concours avec un seul enfant légitime. En effet, lorsqu'il n'y a qu'un enfant naturel et un enfant légitime en présence, on partage la succession en six parts, on en donne une à l'enfant naturel et cinq à l'enfant légitime. Si nous supposons maintenant deux enfants naturels et un enfant légitime, nous partagerons la succession en sept parts, nous en donnerons cinq à l'enfant légitime et les deux autres seront pour les enfants naturels. S'il y a trois enfants naturels et un légitime, on fera huit parts, le légitime en prendra cinq, et les trois autres formeront le lot des enfants naturels. En un mot, il suffira pour trouver la part qui revient à chaque enfant naturel, de diviser la succession en un nombre de parts égales à celui des enfants naturels augmenté de cinq.

On suit encore le même procédé si, au lieu d'un seul enfant légitime en concours avec des enfants naturels, il y en a plusieurs. Soit, par exemple, un enfant naturel en concours avec deux enfants légitimes. Ici le rapport est de quatre à un. Si, en effet, l'enfant naturel eût été légitime, il eût pris un tiers de la succession ; mais il est naturel, il n'en prendra donc qu'un neuvième, les huit autres neuvièmes passeront à ses deux frères qui en prendront chacun quatre. Le rapport entre la part d'un enfant légitime et celle de l'enfant naturel est donc bien de quatre à un ; ou inversement le rapport entre la part de l'enfant naturel et celle de chacun de ses frères légitimes est de un à quatre.

Quel que soit le nombre des enfants naturels en concours avec des enfants légitimes, ce rapport de un à quatre doit toujours être conservé ; il suffira donc, d'après le système de répartition, pour établir la part qui revient à chaque enfant naturel, de diviser la succession en un nombre de parts égales au total résultant de l'addition du nombre des enfants naturels avec le produit résultant de la multiplication du nombre des enfants légitimes par quatre.

Ce système de répartition, pourquoi ne pas l'avouer, présente à première vue un certain attrait. D'abord il est logique ; car la loi ayant établi un certain rapport entre la part d'un enfant naturel unique et la part des enfants légitimes, la logique semble, en effet, exiger que l'on conserve ce rapport, quel que soit le nombre des enfants naturels, quand le nombre des enfants légitimes reste le même ; car on ne saurait trouver aucun motif pour en adopter un autre. Puis, il faut en convenir également, il est conforme aux principes généraux du droit. Lorsqu'une masse est insuffisante pour satisfaire intégralement les personnes appelées au partage, le principe général est que les droits de chacune de ces personnes doivent être soumis, eu égard à leur nombre, à des réductions proportionnelles. Or, telle est la situation que présente la thèse dont il s'agit. Enfin, grâce à la formule algébrique sur laquelle il repose, il permet de faire promptement et facilement un partage.

Tout système, pour être jugé, doit être poussé dans ses dernières conséquences ; s'il ne résiste pas à cette épreuve, n'ayant d'autre autorité que celle de la raison, il faut le rejeter dans son entier. Malheureusement pour les démonstrations dont il s'appuie et qui sont de toute exactitude, le système en question est de ceux qui, basés presque uniquement sur la logique, n'ont pas, en cas d'inconséquence, la ressource de se couvrir d'un texte positif. Le système *de la pratique* raisonne d'après la volonté de la loi ; le système *de la répartition* aboutit à des raisonnements illogiques, mais aucun texte ne les justifie et l'objection les détruit. Étendons, en effet, le procédé de la répartition au cas où plusieurs enfants naturels se trouvent en concours non plus avec des descendants légitimes, mais avec des parents d'une autre classe, on arrivera alors à des contradictions singulières ; on obtiendra des résultats démesurément favorables aux enfants naturels et aussi préjudiciables aux parents légitimes.

Et d'abord peut-on supposer que ce système et ses origines algébriques ont pu être dans l'esprit des auteurs du Code. En vérité, cela n'est pas admissible.

En outre, il peut résulter, de ce mode de supputation que les enfants naturels auront, en concours avec des enfants légitimes, plus de la moitié et plus des trois quarts de la succession, c'est à dire, plus qu'ils ne pourront jamais avoir en concours avec des parents autres que des descendants. Cette raison était décisive et suffit à faire rejetter le système de M. Gnos.

Jusqu'ici, dans la discussion des droits des enfants légitimes, nous avons supposé ces enfants reconnus avant ou après le mariage dont sont nés les enfants légitimes. C'est maintenant le lieu d'examiner certains conflits d'intérêts entre enfants soumis à la déchéance de l'art. 337 et enfants qui n'ont pas à subir cette déchéance. Demandons-nous, en effet, comment il faudra a déterminé les droits successoraux de l'enfant naturels au regard de ses frères puînés, issus de différentes unions, et dont le plus âgé au moins est légitime, lorsqu'il s'agit d'un enfant naturel conçu avant le premier mariage de l'auteur commun, mais reconnu par ce même auteur postérieurement à la célébration de ce mariage?

Prenons, par exemple, la plus simple des hypothèses. Le père a reconnu pendant son seul et unique mariage un enfant naturel *Primus* qu'il avait eu avant de se marier et d'une autre femme que de son épouse. De l'union légitime du père est issu *Secundus*, et, après la dissolution de son mariage, le père a eu un autre enfant naturel, *Tertius*, dont la conception n'est pas adultérine.

Le père meurt ensuite laissant après lui : *Secundus*, enfant légitime, *Primus* et *Tertius* nés l'un avant, l'autre après le mariage du père. Quels seront les droits de chacun dans la succession du père, dont le patrimoine est de 300,000 francs.

Si *Primus* avait été reconnu avant le mariage de son père, nous aurions la solution suivante : Part de *Secundus*, 233, 333 fr. 33 c.; part de *Primus*, 33,333 fr. 33 c.; part de *Tertius*, 33,333 fr. 33 c.

Mais *Primus*, ayant été reconnu pendant le mariage du père, ne peut nuire, par sa présence, à *Secundus*, enfant légitime de ce mariage. Aux yeux de celui-ci, *Primus* est comme s'il n'était pas. Or, en écartant *Primus* du premier partage, *Secundus* ne connaîtra que *Tertius*. La part de *Tertius* sera, dans ce cas du tiers de ce qu'il aurait eu, s'il eût été légitime, c'est à dire de 50,000 fr. Il reviendra 250,000 fr. à *Secundus*.

Secundus, nous le voyons, prend 300,000 fr. moins 50,000 fr. Que ferons-nous de ces 50,000 fr.? On ne peut les abandonner intégralement à *Tertius*, car si, l'art. 337 permet à l'enfant légitime d'écarter du partage *Primus*, enfant naturel reconnu pendant le mariage, ce texte ne donne pas la même faculté à *Tertius*. Celui-ci a, par conséquent, un concurrent que *Secundus* n'a pas. En d'autres termes, pour *Secundus* il n'y a qu'un copartageant, tandis que pour *Tertius*, il y en a deux :

Primus viendra dire ; «Je ne dois pas changer la position de *Tertius* qui est toujours en concours avec *Secundus*, enfant légitime, et moi qui suis enfant naturel : sa part doit donc être identique à ce qu'elle eût été si *Secundus* n'avait pas eu le droit de m'exclure. *Secundus* prendra 250,000 fr., mais *Tertius* n'obtenant que 33,333 fr. 33 c., part qu'il aurait toujours eue si je n'avais pas été sous le poids d'une déchéance, il me restera 16,666 fr. 66c.

Cette solution est de la plus stricte exactitude. En effet, l'enfant légitime devant, aux termes formels de l'art 337, être traité comme s'il n'avait pour concurrent qu'un frère naturel, ne peut pas recueillir moins de 250,000 fr. Quant à *Tertius*, toute combinaison qui lui attribuerait plus ou moins de 33,333 fr. 33 c. (neuvième de la succession) serait inadmissible. Car, d'un côté *Tertius* se trouvant en concours avec un frère légitime et un frère naturel, ne peut, quoi qu'il fasse, prétendre à une part plus forte ; et, d'un autre côté, il serait contraire à la justice et à la loi de réduire sa part au-dessous de cette quotité, puisque, comme nous l'avons remarqué, ce serait faire réfléchir contre *Tertius* le vice de la reconnaissance de *Primus*. Ce serait, en un mot, outrepasser et méconnaître les intentions du législateur, qui permet bien à l'enfant légitime de constituer sa part héréditaire au détriment de *Primus*, mais non pas au détriment de *Tertius*. Or, si la reconnaissance de *Primus* eût été à l'abri de la déchéance prononcée par la loi, *Secundus*, enfant légitime, n'aurait pris que 233,333 fr. 33 c., puisqu'il aurait eu deux frères naturels pour concurrents, et chacun de ces derniers aurait eu 33,333 fr. 33 c. Si l'on accorde à *Secundus*, enfant légitime, 250,000 fr. au lieu de 233,333 fr. 33 c., soit 16,666 fr. 66 c. de plus, c'est évidemment sur la part de *Primus*, et sur cette part seulement, que *Secundus* doit prélever cette différence.

Les droits de l'enfant légitime et de l'enfant naturel reconnu après la dissolution du mariage, ainsi réglés, ceux de l'enfant reconnu pendant le mariage se réduisent nécessairement au reste de la succession, c'est à dire à 16,666 fr. 66 c.

De la discussion qui précède et du mode de règlement que nous avons adopté, découle naturellement la solution des espèces analogues.

Si nous modifions un peu notre hypothèse, et que nous supposions *Primus* enfant naturel en présence de *Secundus*, enfant né des premières noces et de *Tertius* issu de l'union du père commun avec la mère de *Primus*, quel sera, en cas de reconnaissance pendant le second mariage, la position de *Primus*?

La reconnaissance de celui-ci ayant eu lieu après la dissolution du premier mariage est opposable à *Secundus*, enfant né des premières noces, elle l'est également à *Tertius*, puisqu'elle constate que *Primus* est issu du père et de la seconde femme. Les droits de *Primus* étant ceux d'un enfant naturel reconnu en présence de deux légitimes, il faudra lui donner un neuvième de la succession, et partager le reste entre *Secundus* et *Tertius*.

Autre hypothèse. Le père a contracté deux mariages, et il a épousé chaque fois une autre femme que la mère de *Primus*. *Secundus* est né du premier mariage et *Tertius* du second; *Primus* a été reconnu pendant le premier mariage. Pas de controverse possible: *Primus* subira les effets de l'art. 337 vis-à-vis de *Secundus* et en sera affranchi vis-à-vis de *Tertius*. Les parts sont réglées comme dans le calcul que nous avons indiqué.

Il en sera encore de même dans le cas où *Primus*, l'enfant naturel viendrait à être reconnu pendant le second mariage de son père. *Tertius* sera seul admis à se prévaloir de l'art. 337 et à réclamer la moitié de l'hérédité. *Secundus*, lui, est obligé d'accepter le concours de *Primus*, à titre d'enfant naturel.

Telle est, à notre avis, la solution des différentes difficultés que peut faire naître l'application de l'art. 337.

2° *Du concours de l'enfant naturel avec des ascendants ou des frères et sœurs.*

Passons actuellement au cas où l'enfant naturel se trouve en concours avec des ascendants et des frères et sœurs du défunt. Il aura, nous dit l'art. 757, la moitié de ce qu'il aurait eu s'il eût été légitime, c'est à dire la moitié de la succession; car s'il eût été légitime il eût exclu les ascendants et les frères et sœurs du défunt. Le nombre des héritiers n'a, dans ce cas, aucune influence sur la fixation de la portion de succession de l'enfant naturel.

Quand donc se présentera l'hypothèse que nous examinons, c'est à dire quand l'enfant naturel se trouvera en présence d'ascendants ou de frères et sœurs, sa part ou leur part, si l'on suppose plusieurs enfants naturels, sera invariablement la moitié de toute l'hérédité ; et l'autre moitié se répartira suivant les règles ordinaires entre les parents légitimes. Soient, par exemple, trois enfants naturels et des ascendants, ces derniers recueilleront la moitié de la succession, et chaque enfant naturel prendra un tiers de l'autre moitié, soit un sixième.

On pense cependant, d'après un système qui adopte la théorie de M. Gnos, qu'il faut, pour être dans la vérité, rechercher quel rapport la loi a établi entre la part de l'enfant naturel et celle des ascendants, dans le cas qu'elle a prévu, et que, ce rapport une fois trouvé, il faut l'appliquer à toutes les hypothèses que la loi ne prévoit pas, car il n'y a aucune raison pour ne pas agir ainsi. Dans l'espèce qu'elle a prévue, la loi attribue à l'enfant naturel une part égale à celle des ascendants, il faut en conclure qu'elle a voulu que la part de chaque enfant naturel soit égale à celle qui revient aux ascendants. Quand il n'y aura qu'un enfant naturel, il prendra une moitié de la succession, l'autre ira aux ascendants. Quand il y aura deux enfants naturels, on divisera la succession en trois parties, chaque enfant naturel prendra un tiers et l'autre tiers ira aux père et mère du défunt. Ce qui revient à dire, que pour déterminer la part afférente à un enfant naturel, il suffit de diviser la succession en autant de parts, qu'il y a d'enfants naturels, plus un, d'attribuer à chaque enfant une de ces parts, et donner l'autre aux ascendants ou aux frères et sœurs du défunt. (MOURLON, t. 2, p. 63).

En vérité cette attribution de parts n'est pas conforme au texte de la loi. L'enfant naturel prend, quand il y a des ascendants, la moitié de ce qu'il aurait, s'il était légitime. S'il était légitime, il prendrait le tout, donc il doit prendre la moitié. Multipliez le nombre des enfants naturels et supposez-les légitimes, la proportion ne change pas. Il y a deux enfants naturels; supposez qu'il y ait deux enfants légitimes, ils prendraient à eux deux toute la succession, chacun en aurait la moitié. En donnant à chaque enfant naturel la moitié de ce qu'il aurait s'il était légitime, on donnerait à chacun le quart, et il resterait toujours la moitié pour les ascendants.

Une question assez délicate est celle-ci : L'enfant naturel, en présence de frères et sœurs du défunt, recueille moitié; en présence des autres collatéraux, il recueille les trois quarts. Que doit-il recueillir, si au lieu de frères et sœurs, le défunt a laissé des neveux et nièces : les trois quarts disent certains auteurs, la moitié répond un autre système.

Écoutons, d'abord, ceux qui enseignent que les neveux et nièces, en concours avec l'enfant, ont droit aux trois quarts: Nous invoquons, s'écrient-ils, le texte et l'esprit de la loi. Le texte de la loi; et en effet, l'art. 757 ne dit pas que les descendants des frères et sœurs doivent, en présence d'un frère naturel, être assimilés aux frères et sœurs. Or, en face d'un texte anssi formel, dans une matière si importante, on ne saurait ajouter à la loi une disposition aussi grave. La représentation établie dans l'art. 742 en faveur des enfants et descendants des frères et sœurs, n'est admise que lorsque ceux-ci sont en concours, soit avec des oncles ou tantes, soit avec des collatéraux en degrés inégaux. Dans l'art. 750, il ne s'agit pas de représentation : les neveux et nièces sont préférés aux ascendants, autres que les père et mère, et aux autres collatéraux ; ils succèdent alors de leur chef. Ces dispositions de la loi se justifient à merveille ; on a présumé que le défunt avait la même affection pour tous ses frères et pour leurs descendants, et on a voulu donner à chacun des droits égaux ; qu'il les préférait à des parents plus éloignés, et on les a appelés avant ces parents. Mais dans l'art. 757, ils se trouvent en présence non d'un collatéral, mais d'un fils, d'un fils que le défunt préférait sans nul doute à ses frères, et qu'à plus forte raison il place bien avant ses neveux et nièces ; et conséquemment le législateur a tenu compte de cette différence dans les sentiments du défunt, en n'accordant pas aux neveux et nièces le même droit qu'aux frères et sœurs. Les lois romaines, ajoute-t-on d'après ce système, contiennent une disposition semblable ; refusant en principe toute réserve aux frères et sœurs du défunt, elles la leur accordaient cependant lorsque les héritiers inscrits étaient notés d'infamie ; mais dans ce même cas, elles la refusaient encore aux neveux (L. 21, Cod. *de inoff. test.* — L. 1, D. *de inoff. test.*) Cette opinion s'appuie sur des autorités très-respectables, et elle a pour elle la jurisprudence presqu'unanime des arrêts.

Dans un système contraire, on soutient que les neveux et nièces doivent être assimilés aux frères et sœurs, parce que, dans les art. 748, 749, 750, 753, ils sont toujours mis sur la même ligne, et qu'on les voit toujours figurer dans le second ordre des héritiers ; que, pour eux, il ne s'agit pas d'une succession irrégulière ; enfin on ajoute que, dans le premier système, on en arrive à placer les neveux et nièces, qui dans les successions ordinaires sont préférés par la loi aux ascendants autres que père et mère, dans une condition inférieure à celle des ascendants, qu'ils excluent.

C'est cette dernière opinion que nous croyons devoir adopter. Le raisonnement qui nous détermine se résume à ceci ; en principe le neveu est assimilé au frère, pour la quotité de ses droits successifs. En principe, le neveu comme le frère exclut l'ascendant ou lui est préféré. Il est donc présumable que la loi n'a pas entendu dans l'art. 757, réduire le neveu au quart, quand elle admettait pour la moitié le frère et l'ascendant. Ce serait une exception à la règle générale, et une exception ne peut résulter que d'un texte bien formel, lorsque surtout la discussion législative, loin de la motiver, favorise plutôt l'induction contraire. Car, (c'est là une chose importante à noter) la rédaction primitive de l'art. 757 n'accordait la réduction à moitié qu'aux seuls ascendants et confondait sous le nom générique de collatéraux jusqu'aux frères et sœurs eux-mêmes à qui il ne reconnaissait que la réduction aux trois quarts La loi eût sanctionné ainsi une contradiction, puisque les frères et sœurs, tout en excluant les ascendants, n'eussent exercé qu'un droit de réduction moindre. Sur les observations de M. de Maleville, le consul Cambacérès proposa de ne donner à l'enfant naturel, en concours avec des frères et sœurs, que la moitié de l'hérédité ; et cette proposition fut adoptée. Ainsi ce changement de rédaction eut pour but de faire concorder les dispositions de l'art. 757 avec la préférence accordée aux frères et sœurs sur les ascendants dans l'ordre de la succession régulière; et ce serait se mettre en opposition manifeste avec le but que le législateur a voulu atteindre, que de refuser aux descendants de frères et sœurs le droit de réduire, par leur présence, l'enfant naturel à la moitié de l'hérédité, alors que ce droit est accordé aux ascendants qui, dans l'ordre de la succession régulière, se trouvent exclus par ces descendants.

L'étendue de ce droit de réduction dépend non du degré, mais de la classe où se trouvent les héritiers; par conséquent les descendants de frères et sœurs, ne formant qu'une seule classe avec ces derniers, doivent, même en venant de leur chef et restant à leur degré naturel, exercer le même droit de réduction que ces frères et sœurs. (*Comp.* AUBRY et RAU, t. 4, p. 106, note 9; — MALEVILLE, sur l'art. 757; CHABOT, art. 757, n° 9; DALLOZ, *Jur. gén.* v° *Successions*, p. 313 et suiv., n° 9; — MERLIN, *Rép.*, v° *Représentation*, sect. 4, §. 7; — DEMOLOMBE, t. 2, p. 114; — TOULLIER, t. 4, 254; — DELVINCOURT, t. 2, p. 50; — MACKELDEY, p. 98; — UNTERHOLZNER, *Juristische Abhand.*; — THÉMIS, t. 7, p. 113; — DURANTON, t. 6 n° 288; — POUJOL, art. 757, n° 25; — PONT, *Revue de législat., diss. de M. Wolowski*, 1846, t. 1, p. 99, et *Observat. sur l'arrêt du 13 août 1847*, Sir. 44, 2, 341; — DEMANTE t. 3, n° 75 bis 7; — DUCAURROY, BONNIER et ROUSTAING, t. 3, n° 514; — COTELLE, t. 1 p. 269; — GROS, n° 55.; — Pau, 3 avril 1810, Sir., 10, 2, 239; — Rennes, 26 juillet 1843, Sir., 44, 2, 341 — Voy. en sens contraire: GRENIER, *Des donations*, t. 2, 667 et 668 bis; — FAVARD, *Rép.* v° *successions*, sect. 4, §

1, n° 7; — MALPEL, n° 150; — LOISEAU, p. 648 et appendice; — VAZEILLE, art. n° 6757; — BELOST-JOLIMONT, sur CHABOT, obs. 1, sur l'art. 757; — Bordeaux, 11 juin 1806, Jurisprudence du Code civil, t. 8, 883; — Riom, 29 juillet 1809, Sir. 10, 2, 266,; — Rouen, 17 mars 1813, Jurisprudence du Code civil, t. 20, p. 193; —Cass. 6 avril 1813, Sir., 13, 1, 161; — Agen, 16 avril 1822, Sir., 23, 2, 65; — Cass., 20 février 1823 Sir., 23, 1, 166; — Cass., 28 mars 1833, Sir., 33, 1, 284; Rouen, 14 juillet 1840, Sir., 40, 2, 524; — Toulouse 29 avril 1845, Sir 46, 2, 49; — Cass., 31 août 1847, Sir., 47, 1, 785; —Paris 20 avril 1853, Sir., 53, 2, 318.).

3° *Du concours de l'enfant naturel avec des collatéraux autres que les frères ou sœurs.*

Si maintenant, nous supposons l'enfant naturel en concours avec des collatéraux du défunt, autres que des frères et sœurs ou descendants d'eux, la part de l'enfant naturel s'élèvera aux trois quarts de ce qu'il aurait eu s'il eût été légitime, c'est à dire aux trois quarts de la succession, car s'il eût été légitime, il eût exclu tous ces collatéraux. S'il y a plusieurs enfants naturels, ils se partageront entre eux les trois quarts de la succession.

Mais si le père ou la mère de l'enfant naturel a laissé un ou plusieurs ascendants dans une ligne, et dans l'autre ligne des collatéraux autres que des frères ou sœurs, quelle sera la part de l'enfant naturel? Devra-t-on lui attribuer la moitié de la succession totale? Ou, au contraire, faudra-t-il d'abord opérer une fente de la succession entre les deux lignes, pour lui attribuer la moitié afférente à la ligne où il se trouve des ascendants, et les trois quarts de la moitié afférente à la ligne où il n'y a que des collatéraux non privilégiés ?

En faveur de cette dernière opinion, on dit que, dans l'espèce, puisque la succession se divise entre les deux lignes, il y a, à proprement parler, deux successions, l'une pour la ligne paternelle, l'autre pour la ligne maternelle; que le règlement de l'une est indépendant du règlement de l'autre, de sorte que l'art. 757 doit s'appliquer à chacune d'elles en particulier, selon la qualité des héritiers qui se trouvent dans la ligne. Ce qui revient à dire que l'enfant naturel doit prendre la moitié de la part afférente à la ligne où il y a des descendants, et les trois quarts de celle où il n'y a que des collatéraux. De cette manière, la division s'opérant en deux lignes, les intérêts de l'ascendant et des collatéraux, vis-à-vis de l'enfant naturel, deviennent distincts et séparés; les collatéraux, auxquels l'enfant demande les trois quarts de la portion affectée à sa ligne, ne peut pas exciper de la faveur qui n'appartient qu'à l'ascendant.

Cette opinion étonne d'autant plus de la plupart de ceux qui la professent, qu'ils conviennent que l'enfant naturel n'aurait droit qu'à la moitié, quand bien même il n'y aurait, pour tous parents légitimes, qu'un seul ascendant, n'importerait la ligne à laquelle il appartiendrait, et qu'il n'aurait aussi que les trois quarts s'il existait seulement un collatéral ; qu'il ne profiterait pas de la dévolution d'une ligne à l'autre, faute de parents au degré successible dans la première. Or, comment pourrait-il se prévaloir de la circonstance que, outre l'ascendant, il existe encore d'autres parents, parce qu'ils ne sont ni des ascendants ni des frères et sœurs? Il ne peut être question ici de la succession régulière. Et voici d'ailleurs ce qui pourrait arriver: Si cet ascendant était le père ou la mère, et que l'on réduisît au quart les droits des collatéraux vis-à-vis de l'enfant naturel, de deux choses l'une: ou l'usufruit que l'art. 754 accorde aux père et mère ne porterait pas surtout ce qu'il doit porter, quand cependant le père, qui aurait droit à la moitié franche de la succession s'il était seul parent légitime, est en droit d'exiger que cet usufruit ne soit pas réduit; ou bien les collatéraux eux-mêmes n'auraient pas tout ce qu'ils doivent avoir en définitive.

A l'objection que les collatéraux ne doivent point profiter de ce qu'il existe un ascendant, on répondra qu'il n'y a pas plus de raison, pour que, de son côté, l'enfant naturel profite de ce qu'il y a des collatéraux; que ce n'est pas le seul cas, après tout, où, à l'occasion d'un autre, on a des droits plus étendus qu'à défaut de cet autre; qu'enfin, si, d'une circonstance qui ne leur est pas personnelle, l'enfant naturel ou les collatéraux doivent tirer avantage, la cause la plus favorable est, toutes conditions d'ailleurs égales, celle des collatéraux, déjà saisis et défendeurs à la demande en délivrance de la portion qui doit échoir à l'enfant naturel. Ainsi, dans l'espèce proposée, l'enfant naturel n'aura droit qu'à la moitié de la succession totale. (Comp. Aubry et Rau, t. 5, p. 107, note 11; — Demolombe, t. 2, p. 122; — Duranton, t. 6, n° 287; — Taulier, t. 3, p. 175; — Belost-Jolimont, sur Chabot, *Observ.* 3, sur l'art. 757; — Makeldey, *Success.*, p. 94.; — Favard, *Rép.* v° *Succession*, sect. 4, § 1, n° 5; — DUCAURROY, BONNIER et ROUSTAING, t. 3, n° 515; — GROS, n° 57; — Contra : DELVINCOURT, t. 2, p. 52; — TOULLIER, t. 4, 256; — CHABOT, sur l'art. 757, n° 13; — DALLOZ, *Jurisp. gén.* v° *Successions*, p. 318 n° 13; — UNTERHOLZNER, § 8; — POUJOL, sur l'art. 757 n° 26; — VAZEILLE, sur l'art. 757, n° 8; — MARCADÉ, art. 757, n° 4; — Amiens, 23 mars 1854. Sir. 54, 2, 289.)

CHAPITRE III.

DES CONSÉQUENCES QUI DÉCOULENT DU DROIT DE L'ENFANT NATUREL, ET DES OBLIGATIONS QUI EN RÉSULTENT.

Le droit de l'enfant naturel dans la succession de ses père ou mère, est absolument, sauf la quotité, de même nature que le droit des héritiers légitimes, c'est à dire qu'il est un droit héréditaire dans la masse indivise de la succession

Cette prémisse ainsi posée, nous allons passer en revue les conséquences qui en dérivent.

1° Sur quels biens s'exerce le droit de l'enfant naturel?

La nature réelle de son droit consacrée, l'enfant naturel est assimilé à l'héritier légitime, il recueille non tel ou tel objet, mais une part héréditaire ou une fraction de cette part. S'il n'est pas héritier, dans le sens strict de ce mot, il est successeur, et comme tel, jouissant des attributs essentiels de l'héritier, quoiqu'ils soient chez lui parfois tronqués ou modifiés; il peut exercer son droit sur tous les biens du défunt.

Mais supposons que l'enfant naturel se trouve en présence d'un ascendant donateur, aura-t-il droit aux objets donnés qui se retrouvent en nature, ou au prix qui peut en être dû? Ou bien, au contraire, l'ascendant donateur pourra-t-il exercer le retour successoral? En agitant cette question, nous soulevons une vive controverse.

En faveur du droit de l'enfant naturel on dit que le retour successoral ne peut être exercé lorsque le défunt laisse une postérité, que la loi ne distingue pas entre la postérité légitime et la postérité naturelle, et qu'il est impossible de soutenir qu'une personne qui a un enfant naturel n'a pas de postérité: qu'au surplus les enfants nés d'un mariage contracté contre le gré du donateur, doivent lui être encore plus odieux que ne peut l'être un pauvre bâtard, parce qu'ils sont le produit d'une désobéissance volontaire et formelle, et que cependant personne ne songe dans ce cas à autoriser l'aïeul à reprendre ce qu'il a donné.

A ces raisons il est facile de répondre: la naissance de l'enfant naturel est une douleur pour l'ascendant donateur on ne peut donc pas appeler l'enfant naturel à recueillir des biens qu'on ne lui aurait pas donnés. En effet, les enfants nés du mariage du fils, que ce mariage ait été, oui ou non, approuvé par l'aïeul, sont toujours ses descendants, ses parents, en un mot. L'enfant naturel n'a pour parent que son père: entre lui et cet aïeul il n'y a pas de lien de famille. Pour l'ascendant, être en présence d'un enfant naturel, c'est être en présence d'un étranger: en conséquence, il pourra exercer le retour successoral.

D'ailleurs, (et cet argument est plus sérieux encore) quand nous sommes en succession irrégulière, il est vrai qu'alors le terme postérité comprend les enfants naturels, mais quand nous rentrons en succession régulière, c'est à dire dans le droit commun, il est incontestable que ce terme ne s'applique qu'à la postérité légitime. Or nous voici, il faut le reconnaître, en succession régulière, et le retour successoral est donné pour que les biens dont l'ascendant a gratifié le fils ne parviennent pas à des personnes qui ne sont pas les descendants du donateur. Art. 747.

L'enfant naturel ne faisant pas partie de la postérité légitime, ne pourra réclamer aucun droit sur les biens donnés par l'ascendant: ces biens retourneront donc au donateur.

2° *Du droit d'accroissement.*

L'enfant naturel jouit du droit d'accroissement. Qu'entend-on par droit d'accroissement? C'est la faculté qu'ont les cohéritiers d'augmenter leur portion de la part de celui ou de ceux d'entre eux qui renoncent à la succession: cette part se partage par tête entre les cohéritiers acceptants, ou plutôt, le renonçant étant considéré comme n'ayant jamais été héritier, le partage doit se faire uniquement entre les acceptants. Art. 785 et 786.

On nous dira peut-être que l'enfant naturel n'est pas *héritier* et que l'art. 786 ne parle que des *cohéritiers*. Cela est vrai. Mais dans quel sens faut-il prendre le mot *héritier*? Si c'est dans son acception spéciale, il ne peut désigner que les héritiers proprement dits, les héritiers légitimes; au contraire, si c'est dans son acception générale, ce mot étant synonyme de *successible*, il comprendra tous ceux qui viennent, *loco hæredum*, recueillir une portion de l'*universum jus defuncti*. Ici le doute n'est pas possible, c'est incontestablement dans son acception générale, comme synonyme de *successible* que ce mot doit être entendu.

«L'art. 786, remarque M. Demolombe, se borne à consacrer une vérité d'évidence, à savoir : que tout ce qui augmente une masse indivise, augmente d'autant les droits de chacun de ceux qui ont une portion dans cette masse; or l'enfant naturel a droit à une portion de la succession ; donc, tout ce qui grossit la succession, doit, par cela même, aussi grossir la part qui lui revient.» (Demolombe, t. 2, p. 35 ; Voy. en sens contraire. Loiseau, *Traité des enfants naturels*, p. 653-654.)

Que fera-t-on de la part de l'héritier renonçant ? L'enfant naturel devra-t il concourir à cette part dans la proportion établie par l'art. 757 et s'accroître d'une fraction de même qu'il a hérité d'une fraction? Ce règlement serait complétement inexact et mènerait à un résultat tout autre que le procédé indiqué par la loi elle-même. En effet, ce n'est pas sur cette part abandonnée que le calcul doit s'opérer, mais sur l'hérédité tout entière, abstraction faite du renonçant, qui est censé n'avoir jamais été héritier.

Étudions les différentes renonciations dont l'enfant naturel peut tirer avantage.

Soit l'enfant naturel en concours avec des descendants légitimes; l'un d'eux renonce à la succession. Deux hypothèses peuvent se présenter : ou bien l'héritier renonçant a des cohéritiers du même degré que lui, ou bien il était seul et sa renonciation a pour effet de rendre héritiers des descendants plus éloignés qui arrivent de leur chef à la succession. Dans le premier cas, la part du renonçant accroît à l'enfant naturel dans une proportion qu'on ne peut trouver qu'en recommençant le partage, abstraction faite du renonçant. Dans la seconde hypothèse, c'est à dire lorsque des descendants plus éloignés viennent de leur propre chef à la succession, l'avantage qu'obtiendra l'enfant naturel sera beaucoup plus considérable. S'il avait été légitime, il les aurait exclus, et par conséquent aurait eu l'hérédité tout entière. Étant naturel, il prendra le tiers de ce qu'il aurait eu, s'il eût été légitime; c'est à dire le tiers de toute l'hérédité.

Passons actuellement au cas où l'enfant naturel est en concours avec des héritiers autres que les descendants. Alors, pour que l'accroissement soit possible il faut que la renonciation de l'héritier légitime ait pour effet de saisir des héritiers de la classe suivante moins favorisée que la sienne.

Supposons maintenant plusieurs enfants légitimes et plusieurs enfants naturels en présence. Qu'arrivera-t-il si l'un de ceux-ci renonce? Ici, remarquons-le, la part du renonçant, strictement, n'accroîtra ni aux uns ni aux autres, mais elle profitera à tous pour autant que l'acceptation leur eût enlevé. Or, chaque enfant naturel enlève à ses frères autant que s'il était légitime. Par conséquent, la part des enfants naturels s'accroît autant par la renonciation d'un enfant naturel que par celle d'un enfant légitime.

Les enfants naturels sont-ils en présence de parents autres que les descendants légitimes, alors la renonciation de l'un de ces enfants ne produira d'accroissement que pour ses frères naturels et nullement pour les parents légitimes.

3° *Du rapport.*

La portion de biens que l'art. 757 accorde à l'enfant naturel doit être prise sur l'universalité de la succession. Elle doit être calculée, lorsque l'enfant naturel se trouve en présence d'enfants légitimes, sur tous les biens laissés par le défunt, y compris ceux qui ont été donnés ou légués à ces derniers. L'enfant naturel peut en effet, exiger de ceux-ci le rapport en nature de ce qu'ils ont reçu, car s'il en était autrement, il ne recueillait pas le tiers de ce qu'il aurait eu s'il avait été légitime.

Quelques auteurs contestent cette décision en prétendant qu'aux termes de l'art. 857 le rapport n'est dû «que par le cohéritier à son cohéritier; «que, par conséquent, il n'est pas dû à l'enfant naturel, puisqu'il n'est pas héritier. Nous avons déjà fait bonne justice de cette objection. C'est donner un sens trop large à l'art. 857 qui veut simplement établir que le rapport n'est dû ni aux légataires, ni aux créanciers; il ne s'applique pas aux enfants naturels, et nous devons être assurés que ceux-ci peuvent exiger le rapport des biens meubles et immeubles donnés ou légués aux héritiers, descendants légitimes du défunt, puisque sans cela l'art. 757 serait violé.

Mais, lorsque l'enfant naturel se trouve en présence d'ascendants ou de collatéraux, il ne peut plus demander que sa part soit calculée sur l'ensemble des biens laissés par le défunt, y compris ceux qu'il a donnés ou légués aux héritiers légitimes; car, s'il était enfant légitime, il ne pourrait exiger le rapport de ces biens; les collatéraux ou les ascendants qui ne seraient pas héritiers, les conserveraient et ne seraient exposés qu'à une action en réduction; si donc l'enfant naturel pouvait exiger ce rapport, il recueillerait plus de la moitié ou des trois quarts de ce qu'il aurait eu s'il eût été légitime, contrairement à l'art. 756. Il n'a donc contre ces héritiers légitimes, donataires ou légataires, qu'une action en réduction, qui lui compète comme à l'enfant légitime, ainsi que nous l'établirons ci-après.

Si l'enfant naturel peut, dans certains cas, exiger que les héritiers rapportent en nature ce qu'ils ont reçu, l'art. 760 lui impose toujours l'obligation d'*imputer* sur ce qu'il a le droit de prétendre tout ce qui lui a été donné ou légué par ses parents.

Faut-il prendre le mot *imputer* à la lettre et dans son sens grammatical? Certains auteurs ont essayé de le soutenir et en ont tiré cette double conséquence que l'enfant naturel n'a pas de rapport à faire et qu'aucun rapport ne lui est dû.

S'emparant de l'art. 760, d'après lequel l'enfant naturel et ses descendants sont tenus d'imputer, sur ce qu'ils ont droit de prétendre, tout ce qu'ils ont reçu du père ou de la mère dont la succession est ouverte et qui serait sujet à rapport, d'après les règles établies en matière de successions régulières, ils prétendent que la loi a fait, par cet article, à l'enfant naturel une position toute particulière et qu'il n'est pas tenu au rapport, mais bien à l'imputation. D'après cette opinion on n'examine que les biens laissés par le défunt, on cherche, en ne tenant compte que de ces biens, ce qui reviendrait à l'enfant naturel, conformément aux règles usitées, et, imputant sur ce qui lui reviendrait ce qu'il a déjà reçu, on ne lui fournit que la différence.

Cette solution porte un grand préjudice aux intérêts de l'enfant naturel.

Aussi, effrayés de ce résultat, plusieurs partisans de l'imputation n'admettent pas une théorie qui n'assurerait pas à l'enfant naturel, suivant les circonstances, le tiers, la moitié, ou les trois quarts de ce qu'il aurait eu s'il avait été légitime; c'est pourquoi ils réunissent à la masse des biens existants ceux dont il a été disposé au profit de l'enfant naturel. Ils ne tiennent donc pas compte de l'art. 857, et ils ont bien raison; car cet article n'a réellement d'autre objet que de mettre les successeurs du défunt, héritiers ou successeurs irréguliers, en regard des créanciers ou légataires, pour déclarer qu'à ces derniers le rapport n'est point dû et qu'ils ne peuvent en profiter. Mais ils rattachent à la masse les biens que l'enfant naturel a pu recevoir. Alors, dans ce système, on décide que l'enfant naturel ne doit pas rapporter en nature les immeubles qu'il a reçus, qu'il en est propriétaire incommutable; que, s'il les a aliénés, il n'en doit précompter que la valeur au moment de la donation et non celle au moment du décès du donateur; qu'il doit la précompter, même au cas où les immeubles auraient péri avant l'ouverture de la succession; qu'il garde les fruits perçus depuis cette époque; qu'il garde de même les intérêts des valeurs mobilières sujettes à imputation.

Ces conséquences, qui sont admises sans difficulté par ceux qui professent cette opinion, nous obligent à les repousser; elles établissent, en effet, autant de différences entre le rapport dû par les héritiers légitimes et l'imputation exigée de l'enfant naturel; or, l'article 760, renvoyant à la section du rapport pour déterminér quelles sont les choses qui doivent être imputées sur la part de l'enfant naturel, nous paraît établir une analogie parfaite entre le rapport et l'imputation. Cette analogie résulte d'ailleurs de l'art. 756, car, si elle n'existait pas, l'enfant naturel recevrait tantôt plus tantôt moins que la portion qui lui est attribuée.

Tenons donc pour certain que l'enfant naturel doit le rapport et que le rapport lui est dû.

«Oui, certainement, nous dit M. Demolombe, l'imputation, dans l'art. 760, est gouvernée par les mêmes règles que le rapport, en tant qu'il s'agit de savoir quelles choses, quels avantages sont ou ne sont pas imputables. Il est évident que ce sont absolument les mêmes choses, les mêmes avantages qui seraient ou qui ne seraient pas rapportables. Le texte de l'art. 760 le décide formellement ainsi, puisqu'il n'oblige l'enfant naturel à imputer que *ce qui serait sujet à rapport, d'après les règles établies à la sect. II du chapitre VI du présent titre.* Et ce texte est très-conforme à la raison et aux principes; car, l'art. 843 établissant l'obligation du rapport de la manière la plus générale, pour tout ce que l'héritier a reçu du défunt, il est clair que s'il a excepté de cette obligation certaines choses, c'est qu'il a considéré que ces choses ne constituaient pas des avantages ou n'étaient pas, du moins, des avantages d'une assez grande importance pour qu'il s'en occupât; or, ce motif est vrai pour l'enfant naturel aussi bien que pour les héritiers. Il faut donc appliquer à l'imputation les art. 843, 851, 853, 854, 856. En conséquence, l'enfant naturel ou ses descendants sont tenus d'imputer tout ce qu'ils ont reçu à titre gratuit, directement ou indirectement (art. 843), et, en conséquence, tout ce qui aurait été employé pour leur établissement ou pour le payement de leurs dettes. (art. 851.). «(DEMOLOMBE, t. 2, p. 143.)

A cette autorité, MM. AUBRY ET RAU viennent encore ajouter tout le poids de la leur. Ces jurisconsultes s'expriment en ces termes : « Cette imputation est, en général, soumise aux mêmes règles que le rapport proprement dit. Ainsi, l'imputation doit porter sur tous les avantages sujets à rapport d'après les dispositions des art. 843 et suivants. Ainsi encore, la somme à imputer par l'enfant naturel doit être fictivement réunie à la masse héréditaire pour la fixation du montant de la quote-part à laquelle il a droit. Enfin, la disposition de l'art. 856, d'après laquelle les fruits et intérêts des objets sujets à rapport sont dus à dater de l'ouverture de la succession, s'applique également à la somme dont l'enfant naturel doit l'imputation. (AUBRY et RAU, t. 5, p. 570.)

Mais, d'un autre côté, ne perdons pas de vue que l'art. 843 affranchit l'enfant légitime de l'obligation du rapport, quand le donateur ou testateur l'en a expressément dispensé. Cette faveur est étrangère à la position de l'enfant naturel. N'ayant rien à prétendre que sa part successorale, obligé de verser ou de laisser dans l'hérédité tout ce qui dépasse cette part, sans que son père, formellement ou virtuellement, puisse le relever de cette incapacité, l'enfant naturel ne peut arguer d'aucune dispense de rapport soit littérale, soit virtuelle ; toute disposition excédant sa part, de quelque manière qu'elle ait été faite, sera sujette à rapport ; peu importe qu'elle soit universelle, grevée de substitution, contenue dans un partage d'ascendants ou enfin déguisée sous la forme d'un contrat onéreux ou faite par interposition de personnes. (Paris 5 juin 1838, J. du P., t. 2, 1843, p. 440 ; Paris, 4 mai 1840, J. du P., t. 1, 1840, p. 699.) Ainsi l'imputation diffère du rapport, en ce sens que l'enfant naturel ne peut pas, comme l'enfant légitime, en être dispensé par son auteur, ou s'y soustraire en renonçant à la succession. (Art. 908.)

De quelle manière devra s'effectuer l'imputation ? A cet égard les opinions sont diverses.

D'après un système professé par M. VALETTE, l'art. 760 n'a aucunement trait à la manière dont le rapport doit s'effectuer et cela pour une raison toute simple, c'est que le législateur n'entendait pas faire de différence à ce sujet entre le rapport dû par le cohéritier légitime et le rapport dû par l'enfant naturel : où serait le motif d'une pareille différence ? L'art. 760 s'explique d'une façon bien plus claire et bien plus satisfaisante, quand, au lieu de partir de cette idée sans fondement que le terme *imputer* implique un rapport d'une autre nature, on le considère simplement comme un synonyme de *rapporter* ; les enfants légitimes, en général, ne sont pas obligés de tenir compte de tout ce qu'ils ont reçus, ils peuvent avoir pour eux une présomption de dispense ou une dispense expresse de rapport ; ni présomption ni dispense ne peuvent être utiles à l'enfant naturel ; que le don ait été fait directement ou indirectement, la position de l'enfant reste la même ; l'art. 760 n'a pour but que de sanctionner l'art. 908 ; ou, comme celui-ci n'a été promulgué qu'après l'autre, l'art. 908 généralise le principe dont l'art. 760 exprime l'application la plus importante, à savoir que l'enfant naturel ne peut rien recevoir au-delà de la part fixée par l'art. 757, et que, par conséquent, il est obligé de tenir compte lors de la succession de ce qu'il a reçu entre vifs de son père ou de sa mère. Tel est, selon les partisans de ce système, le sens de l'art. 760 ; il n'introduit pas une seconde manière d'effectuer le rapport, il se borne à étendre pour l'enfant naturel l'obligation du rapport et à désigner les objets rapportables (MOURLON, *Répét. écr.* II, 68.). Cette opinion est également celle de M. DEMOLOMBE : « Telle paraît être, s'écrie l'éminent jurisconsulte, il est vrai, la formule littérale ; mais elle n'en révèle pas moins la volonté du législateur d'assimiler cette imputation au rapport. C'est qu'en effet, l'art. 760 n'a pour but en aucune façon de différencier, sous ce point de vue, la position de l'enfant naturel de celle de l'héritier et d'imposer à l'un, sous le nom d'imputation, une obligation différente de celle qui s'impose à l'autre, sous le nom de rapport. De cette différence, il n'y aurait aucune espèce de motif ! Le vrai but de l'art. 760, c'est d'annoncer que la part de l'enfant naturel ne pourra pas être augmentée par des clauses de préciput ; c'est que cet enfant ne pourra pas cumuler ce qu'il aurait reçu de ses père ou mère avec la part héréditaire que la loi lui accorde. » (DEMOLOMBE, t. 2, p. 158.)

Nous aimons mieux le système d'après lequel l'imputation constitue un rapport, mais un rapport en moins prenant.

Tel est l'amendement que nous proposons à la règle que «imputation vaut rapport.»

Cette restriction est facile à justifier. L'imputation consiste à tenir compte de ce qu'on a reçu, à en déduire la valeur de la part qu'on a droit de prétendre, à garder, par conséquent, l'objet de la libéralité en ne prenant que l'excédant de la part héréditaire sur la valeur des biens donnés. Or, l'art. 760 ne distingue pas entre les immeubles et les meubles ; il faut en conclure que l'imputation, ou ce qui revient au même, le rapport en moins prenant s'applique aux uns comme aux autres. Les meubles s'imputent, comme en matière ordinaire, d'après leur valeur au moment de la donation ; les immeubles, par analogie de l'art. 860, d'après leur valeur au moment de l'ouverture de la succession.

4° *De la contribution aux dettes.*

Comment l'enfant naturel est-il tenu des dettes et charges de la succession ?

Il est indubitable, quoique le Code civil ne s'en explique pas précisément, que l'enfant naturel doit contribuer avec les héritiers légitimes, au payement des dettes et charges de la succession, en proportion de ce qu'il prend dans l'hérédité, c'est à dire, que s'il prend, par exemple, la moitié des biens, il doit acquitter la moitié des dettes et charges. C'est un successeur, et un successeur à titre universel, puisqu'il est appelé par la loi à recueillir une quote-part des biens, et il ne peut conséquemment avoir cette quote-part de biens, qu'à la condition d'acquitter une quote-part proportionnelle des dettes : *Bona non dicuntur, nisi deducto œre alieno.*

Il est même obligé envers les créanciers de la succession, parce qu'il prend la chose de leur débiteur, le gage de leurs créances ; ils ont donc une action directe contre lui, pour le contraindre au payement de sa portion virile des dettes et des charges.

De là résulte que les héritiers légitimes n'auraient pas le droit de prélever d'abord sur l'actif de la succession le montant des dettes et des charges et de ne donner à l'enfant naturel sa quote-part, *que dans ce qui reste net*. Cette prétention ne pourrait être fondée que dans le cas où les héritiers légitimes seraient tenus, envers les créanciers de la succession, d'acquitter la totalité des dettes et des charges; mais ils n'en sont réellement tenus que pour leurs portions viriles, sauf les cas d'hypothèque, puisqu'ils n'ont qu'une quote-part des biens et que l'enfant naturel prend aussi une quote-part d'une portion héréditaire.

Ainsi, l'enfant naturel n'est tenu, soit à l'égard des cohéritiers, soit à l'égard des créanciers, que proportionnellement à sa part héréditaire; mais il est tenu pour sa part dans les dettes. Si cependant, par l'effet du partage, un immeuble hypothéqué était tombé dans le lot de l'enfant naturel, celui-ci serait tenu pour le tout, sauf son recours contre les héritiers.

Toutefois l'enfant naturel ne peut être poursuivi que jusqu'à concurrence de son émolument, c'est à dire de la valeur effective des biens qu'il a recueillis ou dû recueillir, et cela alors même qu'il n'aurait point eu recours au bénéfice d'inventaire. Sous ce rapport, on peut l'assimiler à un légataire *à titre universel*: aussi quoiqu'il ne soit pas héritier, et qu'ainsi à proprement parler, il ne représente pas la personne du défunt, néanmoins il est tenu, *propter bona*, des dettes en proportion de la quotité qui lui est attribuée, mais seulement jusqu'à concurrence de la valeur des biens dûment constatée, encore qu'il n'eût pas déclaré au greffe du tribunal, qu'il n'entendait accepter que sous bénéfice d'inventaire: car n'étant point *saisi*, n'étant point *héritier*, n'étant point, à ce titre, le représentant de la personne du défunt, mais simplement successeur à ses biens, dès qu'il relâche ces mêmes biens à ceux qui y ont des droits, il remplit toutes les obligations d'un simple détenteur, tel qu'il est. (Aubry et Rau, t. 5, p. 374, et note 22 ; — Toullier, t. 4, 526 ; — Duranton, t. 6, 290 à 292 ; — Delvincourt, t. 2, p. 62 et 63.)

Il est bien entendu cependant que, faute d'un fidèle inventaire ou de tout autre acte non suspect, propre à établir la consistance des valeurs héréditaires recueillies par l'enfant naturel, celui-ci pourrait être tenu des dettes et charges de l'hérédité *ultra vires portionis suæ*, non point parce qu'il aurait omis d'accomplir les formalités à l'observation desquelles est subordonné le bénéfice d'inventaire, mais parce qu'il se trouverait dans l'impossibilité de justifier d'une manière régulière, de l'importance de son émolument.

5° *Des mesures conservatoires et du partage.*

Copropriétaire des biens de la succession, l'enfant naturel peut requérir l'apposition des scellés, assister à leur levée ainsi qu'à la confection de l'inventaire ; en un mot il peut demander l'emploi de toutes les mesures, dont le but est de conserver et de constater les objets héréditaires et toutes les valeurs dont l'hérédité se compose. Il peut, avant le partage, hypothéquer, engager ou aliéner conditionnellement les biens héréditaires ; agir contre ceux qui les détiennent indûment ; recevoir les payements des débiteurs de la succession ; quereller les actes faits par ses père et mère décédés en état de démence; acquérir dans les fruits une part proportionnelle à son droit; enfin, en cas de nécessité, obtenir du tribunal une provision alimentaire sur ces biens indivis.

Il peut également exercer le retrait successoral que l'art 841 autorise les successibles à exercer, et écarter ainsi du partage tout cessionnaire qui ne serait pas successible.

L'enfant naturel n'étant pas saisi de plein droit de la possession de sa part héréditaire doit en demander la délivrance à l'héritier légitime. Mais même avant toute demande en délivrance, il pourra déjà requérir l'emploi de toutes les mesures conservatoires.

Par suite, le partage de la succession, ni aucune des opérations préliminaires ou autres, qui le précèdent ou le constituent, ne peuvent avoir lieu sans le concours de l'enfant naturel. Il a lui-même aussi le droit de le provoquer.

Quelle est l'action que la loi lui donne à cet effet? C'est, l'enseigne TOULLIER, l'action en délivrance de la portion que la loi lui assigne et qui doit lui être délivrée par l'héritier. C'est, dit encore CHABOT qui n'admet pas cette solution, l'action *communi dividundo*, car, ajoute-t-il, l'enfant naturel est copropriétaire des biens de la succession. Ces deux opinions nous paraissent également inexactes. L'enfant naturel est copropriétaire de l'hérédité qu'il se trouve appelé à recueillir pour partie, aussi l'action qui lui compète pour se faire délivrer la quote-part à laquelle il a droit, est elle nécessairement une action en partage. Et comme l'objet à partager est, non une chose individuellement déterminée, mais une universalité juridique, cette action constitue, non une action *communi dividundo*, mais une action *familiæ erciscundæ* (AUBRY et RAU, t. 5, p. 370, note 10; — DEMOLOMBE, t. 2, p. 44; DELVINCOURT, t. 2, p. 63; — Paris, 30 juin 1851, Sir., 52, 2, 360.)

Le partage ne se fait pas nécessairement en justice; il peut se faire à l'amiable; mais quand il se fait judiciairement, l'héritier légitime ne peut pas désigner le lot qu'il entend faire à l'enfant naturel; la maxime *electio debitoris est* n'est pas applicable ici, quoiqu'en ait dit TOULLIER; l'héritier n'est pas un débiteur, mais un copartageant et la désignation des lots doit s'opérer par voie de tirage au sort. (Nancy, 22 janvier 1838, J. du Palais, t. 2, 1843, p. 326; — Grenoble, 18 juin 1839 et Cass., 22 avril 1840, J. du P., t. 2, 1840, p. 461; — Paris, 30 juin 1851, Sir., 52, 2, 360.) Il a été également décidé, par plusieurs arrêts, que l'enfant naturel a, comme l'enfant légitime, le droit de prendre sa part de la succession en corps héréditaire ou en nature, au lieu d'être réduit à se contenter de valeurs estimatives.

L'enfant naturel ayant des droits de même nature que ceux des héritiers sur la masse héréditaire, pourra faire rescinder le partage pour les mêmes causes que l'héritier légitime: de son côté, en sa qualité de copartageant, il devra la garantie et s'obligera à indemniser les enfants légitimes ou ses frères naturels en cas d'éviction.

Que les enfants naturels aient les mêmes droits qu'aurait un héritier à l'encontre des tiers acquéreurs, auxquels les immeubles de la succession auraient été transmis par un héritier légitime ou par tout autre c'est une proposition qui ne souffre aucune discussion.

«Le droit de l'enfant naturel nous disent MM. AUBRY ET RAU, sur les objets héréditaires étant, ainsi que tout le monde en convient, un droit réel de même nature que celui de l'héritier, il en résulte que l'action en revendication dirigée par un enfant naturel contre les tiers détenteurs d'immeubles héréditaires, est absolument régie par les mêmes principes que l'action en revendication formée contre ces personnes par un héritier. Peu importe que l'enfant naturel ne jouisse pas de la saisine héréditaire, cette circonstance est tout à fait indifférente pour la solution de la question qui nous occupe en ce moment ; car, bien que privé de la saisine, cet enfant n'en acquiert pas moins à dater du décès, de plein droit et abstraction faite de toute demande en délivrance, la propriété de la quote-part à laquelle il se trouve appelé. » (AUBRY ET RAU, t, 5, p. 368, note 4 ; — Comp. DEMOLOMBE, t. 2, p. 48 ; — DELVINCOURT, t. 2, p. 58 ; — CHABOT, sur l'art. 756, nº 13 et 14 ; — POUJOL, sur les art. 756 et 757. nº 10 ; — MERLIN, *Rép.*, vº *Bâtard*, sect. 2, § 4 ; DEMANTE, t. 3, nº 74 bis, 2 ; — Paris, 12 avril 1823, Sir., 24, 2, 40 ; Voy. en sens contraire ; TOULLIER, t. 4, 284 à 286 ; — Poitiers, 10 avril 1832, Sir., 32, 3 370.)

L'enfant naturel est investi d'un titre que personne ne saurait lui enlever. Mais pour faire valoir ce droit, il est obligé de s'adresser soit aux héritiers légitimes, soit à la justice ; car n'étant pas héritier, il n'a pas la saisine. Lors donc qu'il se trouve en présence d'héritiers légitimes c'est à eux qu'il doit demander la part qui lui revient ; il n'est soumis alors à aucune formalité ; s'il y a contestation, le tribunal prononce et envoie l'enfant naturel en possession des biens qui lui reviennent.

Telles sont donc la nature, l'étendue et les voies d'exéque la loi accorde aux enfants naturels en concours avec des héritiers légitimes sur les biens de leurs père et mère *décédés*.

Malgré cette expression *décédés* qu'emploie l'art. 756, l'exercice de ce droit est-il toujours subordonné au décès des auteurs de l'enfant, et n'est-il pas ouvert, comme celui des héritiers, par la déclaration d'absence? Oui, sans doute, car la personne *déclarée* absente est présumée morte, « et tous les droits qui sont subordonnés à son décès, » comme dit l'art. 123, peuvent être exercés. L'enfant naturel pourra donc, de son chef, provoquer la déclaration d'absence; l'art. 115 lui en donne le droit, puisqu'il est au nombre des parties intéressées. Mais, cela fait, devra-t-il, pour demander l'envoi en possession provisoire de la portion des biens qui lui est attribuée, attendre que les héritiers présomptifs aient eux-mêmes demandé cet envoi? A prendre à la lettre l'art. 123, l'affirmative semblerait devoir être adoptée, car l'enfant naturel n'est pas héritier, et ceux qui ont des droits sur la succession doivent, pour les exercer, attendre que les héritiers aient agi. S'il s'agissait d'un légataire, nous pourrions peut-être adopter cette solution quoiqu'elle ait été contestée par beaucoup d'auteurs et rejetée par la jurisprudence. Mais l'enfant naturel est plus qu'un légataire, dont le droit est subordonnée non-seulement au décès du testateur, mais encore à l'ouverture du testament; son droit n'est pas un droit de créance, c'est un droit réel qu'il peut exercer dès que son auteur est mort, comme l'exercerait un héritier légitime; or, l'auteur absent étant présumé défunt, il s'ensuit que l'enfant naturel peut exercer son droit réel comme l'héritier légitime, et par conséquent demander l'envoi en possession provisoire.

6° *Du Droit des descendants de l'enfant naturel.*

L'art. 759 statue qu'en cas de prédécès de l'enfant naturel, ses enfants ou descendants pourront réclamer les droits que l'enfant naturel, s'il était vivant, ferait valoir dans la succession paternelle ou materuelle. Une question fort controversée et cependant fort importante est celle de savoir si les descendants de l'enfant naturel exercent le droit de leur chef, ou seulement par représentation; s'ils ne venaient que par représentation, ils seraient écartés lorsque leur auteur est lui-même renonçant ou indigne, et ne pourraient agir qu'en cas de prédécès de ce dernier, ainsi que le dit d'ailleurs l'art. 759. C'est, d'après un grand nombre d'auteurs, ce sens étroit qu'il faut laisser à cet article. Le principe, disent-ils, qui domine le système adopté par nos législateurs est qu'entre parents naturels il n'existe aucun droit héréditaire. Le droit particulier accordé aux enfants, et, à défaut des enfants, à tous les descendants, sur la succession des père et mère naturels, est lui-même une exception à ce principe, et toute exception doit être restreinte dans les termes mêmes où elle est posée. Les descendants ne succèdent qu'à défaut de l'enfant naturel prédécédé, ils n'ont aucun droit si leur père vient à défaillir pour une autre cause que la mort, s'il est déclaré indigne ou s'il renonce, et dans ce cas la part qui serait attribuée à celui-ci augmente la part des héritiers légitimes, *jure non decrescendi.*

Plusieurs motifs nous empêchent de nous rendre à cette opinion. Les mots *en cas de prédécès* ont été employés comme synonymes de *à défaut de..* . La loi confond ces deux locutions : elle les emploie alternativement, témoin, les art. 750, 755, 766. D'ailleurs, ne l'oublions pas, la loi générale des successions est le type des successions irrégulières. Or, en principe, nul n'est admis à recueillir par représentation une hérédité, à laquelle, en l'absence d'héritiers ou de successeurs plus proches, il n'eût pas été appelé de son propre chef. La représentation n'est qu'un secours ou un subsidiaire : elle ne fonde pas le titre en vertu duquel on succède, tout au plus l'augmente-t-elle, en mettant le représentant au degré du représenté. De là nous pouvons déduire avec certitude que la loi, reconnaissant un rapport de successibilité directe entre l'aïeul et les enfants légitimes de son enfant naturel, n'a pas entendu borner leurs droits successifs au cas du prédécès de leur père, mais, au contraire, les en faire jouir à quelque titre qu'ils viennent, de leur chef ou par représentation (AUBRY ET RAU, t. 5, p. 109 et note 16 ; — DEMOLOMBE, t. 2, p. 146 ; — BELOST-JOLIMONT, sur CHABOT, art. 753, obs. 3 ; — FEUGUEROLLES, *Rec. pér.* 1847, 2, 129 ; — Contra : CHABOT, t. 2, p. 229 ; — DALLOZ, *Successions*, p. 329, n° 27 ; POUJOL, sur l'art. 759, n° 1 ; VAZEILLE, sur l'art. 759, n° 2 ; — MARCADÉ, sur l'art. 759, n° 2.)

L'art. 759 comprend-il dans ses dispositions la postérité *naturelle* comme la postérité *légitime* ? Nous ne le pensons pas. L'enfant naturel ne jouit pas de la faculté de recueillir, à défaut de l'enfant naturel son père, la part de celui-ci dans la succession de l'aïeul, car, d'après l'art. 756, il n'a aucun droit *sur les biens des parents* de ses père et mère. Voici de quelle manière MM. AUBRY ET RAU réfutent l'opinion contraire : « A l'argument tiré de la généralité des termes de l'art. 759, nous répondrons que la disposition de cet article, qui donne aux descendants de l'enfant naturel le droit de réclamer la totalité de la portion qu'il eût obtenue, ne peut évidemment s'appliquer aux descendants naturels puisque, de l'aveu même des auteurs que nous combattons, ces descendants n'auraient droit qu'à une quote-part de la portion qui serait revenue à leur auteur. A l'argument puisé dans la discussion au Conseil d'État, nous répondrons que si le consul CAMBACÉRÈS a émis une opinion opposée à notre manière de voir, rien ne prouve que cette opinion ait été admise par le Conseil d'État, que le contraire semble même résulter du procès-verbal de la discussion ; mais que, la chose fût-elle douteuse, on devrait s'en tenir au principe posé par l'art. 756, puisqu'il n'y a point été formellement dérogé. Enfin, on ne saurait admettre que le législateur ait voulu consacrer un système aussi monstrueux que celui qui donnerait aux descendants naturels d'un enfant naturel des droits de succession dont se trouveraient privés les descendants naturels d'un enfant légitime. » (MM. AUBRY ET RAU, t. 5, p. 108, note 15 ; — Comp. DALLOZ, *Jur. gén.* v° *Successions* p. 328, n° 26 ; — CHABOT, sur l'art. 759, n° 1, TOULLIER, t. 4, 259 ; — MALPEL, n° 296 ; — MARCADÉ, art. 759, n° 1 ; — VAZEILLE, art. 759, n° 1 ; POUJOL, n° 2 ; — LOISEAU, p. 643 ; — Voy. en sens contraire ; MALEVILLE, t. 2, p. 220 ; — FAVARD, *Rép.* v° *Succession*, sect. 4, § 1, n° 14 ; — DELVINCOURT, t. 2, p. 22.)

DEUXIÈME SUBDIVISION.

DROITS SUCCESSIFS DE L'ENFANT NATUREL APPELÉ A DÉFAUT D'HÉRITIERS.

Aux termes de l'art. 758 :

« L'enfant naturel a droit à la totalité des biens, lorsque ses père ou mère ne laissent pas de parents au degré successible.

Nous avons vu que, toujours la loi réserve une part dans les biens à la famille légitime, dans la succession du père, ou de la mère, qui a reconnu l'enfant naturel.

Mais, lorsque le père ou la mère, qui a reconnu, ne laissent pas de parents légitimes, ou que ceux qui existent, ne se trouvent pas à l'un des degrés successibles, à qui doit être attribuée la portion de biens, qui était réservée pour la famille légitime ?

N'est-il pas juste qu'elle soit déférée à l'enfant naturel du défunt, plutôt que d'être abandonnée à l'État ?

N'est-il pas aussi dans l'ordre des affections du défunt, comme dans le vœu de la nature, qu'elle appartienne à l'enfant, plutôt qu'au conjoint survivant.

C'est donc avec raison qu'il a été statué par l'art. 758, que, si le père ou la mère, qui a reconnu un enfant naturel, ne laisse pas, en mourant, de parents légitimes qui soient à un des degrés successibles, cet enfant a droit à la totalité des biens qui se trouvent dans la succession *ab intestat*.

Il en est de même, lorsque les parents légitimes qui existent, sont déclarés indignes ou renoncent à la succession. Dans tous ces cas, ils doivent être considérés par rapport à la succession, comme s'ils n'existaient pas réellement.

Que dirons-nous du cas où le défunt serait lui-même enfant naturel, et laisserait son père ou sa mère ? De quelle influence sera la présence de ces ascendants sur la quotité de l'enfant naturel ? Cette influence sera nulle, tous les auteurs s'accordent à le reconnaître. D'une part, en effet, l'art. 765 n'appelle le père naturel à succéder à son fils que lorsque celui-ci est décédé sans postérité : ce mot *postérité* comprend ici la postérité naturelle comme la postérité légitime ; car s'il avait dû en être autrement, et si la loi avait sous-entendu *postérité légitime*, il est probable qu'elle eût complété et spécifié son idée, d'autant plus qu'elle traitait une matière où ces deux idées : *légitimité* et *illégitimité*, se trouvent sans cesse en antagonisme. D'autre part, l'art. 758 appelle l'enfant naturel à la totalité de la succession quand il n'existe pas de parents au degré successible. Or, dans cette expression, la loi ne peut comprendre les parents naturels.

Toute la succession sans aucune restriction est dévolue pour le tout à l'enfant naturel; il hérite pour le tout ainsi qu'un enfant légitime. Faut-il conclure de là que l'infériorité de l'enfant naturel créée uniquement pour protéger la famille légitime disparaît quand ce but n'existe plus ? Nullement, la loi n'a pas entendu parler de réintégration de l'enfant naturel dans les droits de l'enfant légitime, quand il n'existe pas de parents légitimes. Les droits de cet enfant, lorsqu'il est appelé à la totalité, ne changent pas, pour cela, de nature ; ils sont, en fait, plus étendus ; mais ils demeurent, en droit, les mêmes, c'est-à-dire des droits de succession irrégulière. L'enfant naturel n'est pas plus un *héritier* dans ce dernier cas que dans les autres, et nous verrons qu'il est alors tenu, en effet, de demander l'envoi en possession. Comme successeur irrégulier, il ne jouit pas de la saisine, et n'est pas soumis aux obligations qui en découlent ; en d'autres termes, il ne succède pas de plein droit, à la possession du défunt, et ne représente point passivement sa personne. Toutefois, ne l'oublions pas, il est investi, du moment même du décès du défunt, de la propriété de l'hérédité et des objets qui la composent.

Comme l'inexistence des parents légitimes n'est que rarement un fait absolument certain, il peut s'en présenter qu'on ne connaissait pas; de là les formalités dont la loi entoure la prise de possession de l'enfant naturel; c'est une dernière protection accordée à la parenté légitime.

Ces formalités sont : l'apposition des scellés, la confection d'un inventaire, les publications et affiches ordonnées par le tribunal et renouvelées trois fois avant qu'il ne statue sur la demande en envoi de possession, l'emploi du mobilier ou caution suffisante pour en assurer la restitution. Art. 769, 770, 771, 772, 773.

En demandant l'envoi en possession, l'enfant naturel devra, à l'appui de sa requête, joindre les pièces destinées à la justifier, c'est-à-dire les actes qui établissent sa qualité de successeur irrégulier du défunt, et un acte de notoriété constatant qu'il ne s'est présenté pour réclamer la succession, ni héritiers ni successeurs irréguliers appelés avant lui à l'hérédité. Lui faudra-t-il encore établir, pour obtenir l'envoi en possession de l'hérédité, non-seulement qu'il ne s'est présenté pour la réclamer, aucun ayant-droit qui lui soit préférable, mais encore qu'il n'en existe pas? Quoiqu'en ait prétendu TOULLIER à ce sujet, cela n'est pas nécessaire. En effet, en matière de succession, l'absence ou l'inaction des personnes qui sont appelées à l'hérédité en première ligne, doit être assimilée à leur non-existence, en ce sens que les personnes auxquelles elle serait dévolue en seconde ligne, sont, provisoirement du moins, et tant que dure cette absence ou cette inaction, autorisées à se gérer comme héritiers ou successeurs irréguliers du défunt et à exercer les droits qui leur compètent en cette qualité. L'enfant naturel n'est donc pas tenu de prouver qu'il n'existe aucun héritier; il suffit qu'il prouve qu'il ne s'en présente pas. Si la première preuve était possible, les sûretés que prend la loi pour l'héritier inconnu qui pourrait se présenter, n'auraient plus de raison d'être; toutes ces précautions ordonnées en tout état de cause, démontrent surabondamment que la loi a jugé cette preuve inopportune et se contente de la preuve qu'aucun héritier ne s'est présenté.

L'enfant naturel saisi par la mort du défunt de son patrimoine, peut, si la prudence ne lui conseille pas l'accomplissement des formalités légales, se mettre de son autorité privée en possession de la succession. Mais alors, vis-à-vis des héritiers, il ne jouit pas des avantages attachés à l'espèce de possession que comportent les universalités juridiques. «Les enfants naturels, disent MM. AUBRY et RAU, ne peuvent s'assurer ces avantages en prenant, de leur autorité privée, possession de l'hérédité, c'est-à-dire en se gérant comme successeurs universels du défunt. Ainsi, une pareille prise de possession n'autorise pas les successeurs universels à repousser l'action en pétition d'hérédité intentée par des héritiers qui n'auraient point accepté la succession dans les trente années à partir de son ouverture. Ainsi encore elle ne leur donne pas le droit d'écarter les héritiers qui, après avoir renoncé à la succession, voudraient, en rétractant leur renonciation, ressaisir l'hérédité. Mais une pareille prise de possession suffit pour soustraire les enfants naturels à la déchéance que leur eût fait encourir leur inaction pendant les trente années à compter de l'ouverture de la succession, et pour enlever à l'État la faculté de réclamer l'hérédité, soit par droit de deshérence, soit à titre de bien vacant (AUBRY et RAU, t. V, p. 382).

Une pareille prise de possession a encore pour résultat d'empêcher l'enfant naturel de poursuivre les débiteurs héréditaires, au regard desquels cette mise en possession privée ne peut équivaloir à l'envoi judiciaire.

De plus, en se gérant comme successeur universel, l'enfant naturel, non envoyé judiciairement en possession de l'hérédité, se soumet à la poursuite des créanciers héréditaires, parce que la prise de possession même extrajudiciaire équivaut à l'acceptation. Au contraire, tant qu'il reste dans l'inaction, sans accepter ni répudier l'hérédité, il ne peut être poursuivi par les créanciers; après trente ans il est déchu de la faculté d'accepter ou de renoncer, mais cette abstention ne peut jamais équivaloir à acceptation au regard des tiers.

Enfin, si l'enfant naturel néglige les formalités qui lui sont imposées, il n'est pas pour cela réputé possesseur de mauvaise foi, mais la simple omission de ces mesures le constitue en faute et l'empêche d'exciper de sa bonne foi dans le cas où des héritiers l'actionneraient en dommages-intérêts.

Nous avons déjà vu qu'indépendamment de toute formalité, l'enfant naturel acquiert, dès l'ouverture de la succession, un droit de propriété sur les biens qui la composent; il lui suffit de survivre un seul instant au défunt pour le transmettre à ses héritiers. A quelque époque qu'il obtienne l'envoi en possession, il a droit aux fruits de la succession à partir de l'ouverture, sauf les droits du possesseur de bonne foi.

Comment le successeur irrégulier, ou, en d'autres termes, l'enfant naturel sera-t-il obligé au payement des dettes et des charges de la succession?

S'il a fait un bon et fidèle inventaire, il ne peut être tenu d'acquitter les dettes et les charges, que jusqu'à concurrence seulement de la valeur des biens.

S'il n'a pas fait procéder à un inventaire fidèle et exact, il est tenu indéfiniment de toutes les dettes et de toutes les charges, par la raison que n'ayant pas fait constater la valeur des biens, il ne peut jamais établir que cette valeur soit absorbée par les dettes qui sont payées ou qui sont réclamées.

Lorsqu'il existe plusieurs enfants naturels concurremment appelés à l'hérédité à défaut de parents légitimes, ils sont, les uns vis à vis des autres, à considérer comme s'ils étaient tous légitimes. Ils se doivent naturellement le rapport des dons qu'ils ont reçus du père, et sont obligés de contribuer aux dettes. Il faut admettre, en effet, que la loi a voulu maintenir l'égalité entre des enfants naturels pour lesquels, en l'absence de manifestation contraire, le défunt doit être présumé avoir eu la même affection, et envers lesquels la paternité lui imposait les mêmes devoirs : aussi leur appliquerons-nous les règles établies sur le partage, l'obligation de rapport, et la contribution aux dettes. (Aubry et Rau, t. 6, p. 389 et note 31.)

DEUXIÈME DIVISION.

DES RESTRICTIONS DONT SONT SUSCEPTIBLES LES DROITS SUCCESSIFS DE L'ENFANT NATUREL.

Après avoir déterminé quelle est la nature et quelle est la quotité du droit accordé à l'enfant naturel sur les biens de ses père et mère, il nous reste à examiner de quelle influence peut être sur la portion de cet enfant un acte de la volonté du père.

Or la volonté du père peut se manifester de deux manières bien distinctes. Il peut d'abord diminuer son patrimoine par des libéralités jusqu'à une certaine limite au delà de laquelle le droit de l'enfant naturel devient inattaquable.

En second lieu le père jouit encore, exceptionnellement, du droit de réduire directement son enfant naturel à la moitié de sa part héréditaire. Nous sommes donc en présence de deux restrictions : l'une, directe, résulte d'un acte formellement réductif et auquel doit participer le successeur réduit ; l'autre, indirecte, résulte nécessairement, sans intention expresse de réduire et sans participation de l'enfant naturel, des dispositions à titre gratuit faites par le défunt dans la limite de son droit. De là la donation réductive, de là la réserve. Commençons par étudier la donation réductive.

PREMIÈRE SUBDIVISION.

DE LA DONATION RÉDUCTIVE.

CHAPITRE I

Des moyens et des conditions nécessaires de la réduction exceptionnelle.

L'art. 908 déclare que les enfants naturels ne pourront, par donations entre-vifs ou par testament, rien recevoir de leur père et mère au delà de la quotité, qui leur est accordée, au titre des successions, sur les biens de ces derniers morts intestats.

Cette disposition était d'une nécessité manifeste. Les considérations d'ordre social, qui avaient déterminé le législateur à restreindre les droits successifs de l'enfant naturel, devaient évidemment aussi rendre ces restrictions invariables et indépendantes de la volonté des père ou mère, c'est à dire de leurs passions et de leurs entraînements, contre lesquels précisément le législateur avait voulu, par ces restrictions mêmes, protéger les grands intérêts confiés à sa garde !

Si le père naturel ne peut par ses libéralités excéder au profit de son enfant la portion qui lui est accordée au titre des successions, (art. 908.) rien ne l'empêche sous certaines limites, de la restreindre. A côté du maximum fixé par l'art. 908 se place le minimum de l'art. 761.

L'art. 761 est ainsi conçu;

«Toute réclamation est interdite aux enfants naturels, lorsqu'ils auront reçu, du vivant de leur père ou de leur mère, la moitié de ce qui leur est attribué par les articles précédents, avec déclaration expresse, de la part de leur père ou mère, que leur intention est de réduire l'enfant naturel à la portion qu'ils lui ont assignée.

«Dans le cas où cette portion serait inférieure à la moitié de ce qui devrait revenir à l'enfant naturel, il ne pourra réclamer que le supplément nécessaire pour parfaire cette moitié.»

Les motifs de cette disposition spéciale et exceptionnelle ne sauraient être mieux exprimés que par ces paroles du tribun SIMÉON: «Si pour la tranquillité et le repos de leur famille, les père et mère ont eu soin d'acquitter de leur vivant leur dette envers leur enfant naturel; si, en la payant par anticipation, ils ont dédéclaré qu'ils ne voulaient pas qu'il vînt après eux troubler leur succession, le Code maintiendra cette disposition, lors même que ce don anticipé n'arriverait qu'à la moitié de la créance. Une pareille donation est utile, et pour l'enfant naturel, qu'elle fait jouir plus tôt et pour la famille, qu'elle débarrasse d'un créancier odieux.»

Mais pour que ce paiement anticipé de la dette naturelle du père soit valable, le Code impose quatre conditions :

La première est qu'il ait été fait du vivant du père ou de la mère. L'enfant doit dès lors être investi de la propriété des choses qui lui sont transmises. Cela cependant ne signifie pas qu'il doit aussitôt en avoir la jouissance : ainsi, la transmission peut être faite à terme, ou avec réserve d'usufruit ; mais une donation de biens à venir, faite conformément à l'art. 1082, ne serait pas suffisante, parce qu'elle ne transférerait pas à l'enfant donataire la propriété des biens donnés. L'art 761 établit, que pour que la réduction s'opère, il faut que la libéralité ait été faite du vivant du père. Il exclut donc par le fait les libéralités testamentaires ; la déclaration de réduction faite dans un legs serait non avenue ; la raison en est fort simple : le législateur a voulu accorder une compensation à l'enfant naturel, et a considéré une jouissance anticipée des biens donnés par le père comme une condition *sine qua non* de la validité de la réduction.

Il faut, en second lieu, que les biens transmis soient d'une valeur égale à la moitié de la portion que l'art. 757 attribue à l'enfant.

Or, il ne faut pas entendre la moitié de la réserve de l'enfant, lorsque la quotité disponible est absorbée par les legs ; mais bien la moitié de la quotité fixée par l'article précité ; c'est une mesure déterminée et que l'on ne saurait arbitrairement réduire. Plusieurs auteurs ont cependant cru pouvoir enseigner que l'enfant naturel ne doit, dans ces circonstances, recevoir que la moitié de la réserve. Cette manière de voir est complétement erronée ; car bien que les art. 757 et 758 fournissent un argument en faveur de la réserve des enfants naturels, leur but est de déterminer les droits de ces enfants sur les biens de leurs père et mère morts *intestat*, et c'est évidemment à ces droits que l'art. 761 fait allusion quand il renvoie aux articles précédents.

La troisième condition est que le père ou la mère aient déclaré d'une manière expresse que leur intention était de réduire l'enfant naturel à la portion qu'ils lui ont actuellement assignée. L'élément caractéristique de la donation réductive est la déclaration de réduction qui doit accompagner l'acte. Une donation pure et simple de la moitié de part ne remplirait pas le but de l'art. 761. L'intention de réduire doit avoir existé lors de la donation. Il ne suffirait même pas que cette intention apparût implicitement; elle doit être expressément déclarée; cette condition est formellement écrite dans la loi.

Enfin, il faut que cette donation soit acceptée par l'enfant naturel; car toute donation n'est parfaite que lorsqu'elle a été acceptée. Plusieurs auteurs soutiennent l'opinion contraire. Cet acte, disent-ils, n'est en aucune façon une donation, un contrat synallagmatique; c'est le paiement fait par anticipation d'une dette contractée par les père et mère envers l'enfant. Cet enfant n'est pas, à l'égard des héritiers légitimes, dans la condition d'un créancier ordinaire, mais dans celle d'un successeur ayant des droits analogues à ceux d'un héritier; mais, à l'égard de ses parents, il n'est qu'un simple créancier par suite d'une obligation naturelle. Or, il est de principe que le créancier ne peut refuser le paiement à l'époque où il doit être fait. Si, dans notre espèce, il en était autrement, il en résulterait que l'art. 761 serait à peu près inutile et que les parents ne pourraient jamais user du droit que leur donne cet article dans l'intérêt de leur famille; que cet acte de l'autorité paternelle ne serait plus qu'une stipulation et une stipulation prohibée par l'art. 1130, puisqu'elle porterait sur une succession future.

Un des partisans de la doctrine que nous combattons s'exprime en ces termes: «La faculté accordée par cet article aux père et mère d'un enfant naturel d'écarter cet enfant de la succession en lui assignant et en lui payant par anticipation la moitié de ce qui peut lui revenir, leur est donnée comme un moyen de débarrasser leur famille légitime d'un créancier qui devrait leur être désagréable. L'expression de leur volonté à cet égard doit donc être considérée comme un acte d'autorité paternelle, auquel l'enfant est forcé de se soumettre sans qu'il ait la liberté de se prononcer pour ou contre l'acceptation de la portion qui lui est ainsi faite et d'opter entre la donation et sa part héréditaire. A défaut d'acceptation par l'enfant, les tribunaux peuvent, sur la demande du père, déclarer ses offres valables, et ordonner que la donation sera tenue pour acceptée.» C'est Cadrès qui parle ainsi; il ajoute encore: «S'il pouvait en être autrement, s'il était permis à l'enfant naturel d'empêcher l'accomplissement de cette disposition de la loi par son refus d'accepter la donation, le droit du père ou de la mère serait tout à fait illusoire» (Cadrès, *Traité des enfants naturels*, n° 200, p. 257.)

Avouons-le immédiatement, ni les graves autorités qui ont embrassé cette doctrine, ni la jurisprudence invariable des arrêts ne nous ont convaincu. De quoi s'agit-il en effet? Est-ce là une simple *disposition*, une *attribution* qui pourrait être faite, sans le consentement de l'enfant et malgré même son refus, par les père ou mère, de leur seule volonté? Nullement. Est-ce, au contraire, une donation entre vifs que le père ou la mère ferait à son enfant naturel, de la moitié de ce qui devrait un jour lui revenir, donation, qui, par conséquent, exigerait l'acceptation de l'enfant lui-même? Évidemment, le doute n'est pas possible. Et d'abord, l'art 761 déclare que toute réclamation est interdite à l'enfant et à ses descendants, *lorsqu'ils ont reçu*, du vivant de leur père ou de leur mère la moitié etc. ; Or, d'une part, *recevoir* ne peut à vrai dire signifier, dans cet article, autre chose qu'*acquérir* la propriété des valeurs formant la moitié que les père ou mère transmettent à leur enfant; d'autre part, la propriété ne peut s'acquérir entre vifs, *inter partes*, sans les consentements respectifs du *tradens* et de *l'accipiens* Donc, le texte lui-même exige, en s'exprimant ainsi, le consentement et l'acceptation de l'enfant. Voilà une première raison ! Il y a mieux encore. La propriété des biens s'acquiert et se transmet par certains modes déterminés et définis, en dehors desquels il est impossible qu'elle se déplace. Or, il s'agit, dans la question proposée, d'un mode de transmission et d'acquisition entre vifs, qui ne peut s'opérer que par la convention des parties, c'est à dire par leurs consentements réciproques, et qui même exige d'autant plus l'acceptation de celui qui reçoit, que cet abandon, ayant lieu à titre gratuit, constitue une véritable donation. (DEMOLOMBE, t. 2. p. 172-176 ; — AUBRY et RAU, t. 5, p. 110 et note 18 ; — CHABOT, art. 761, n° 3 ; — POUJOL, art. 761, n° 3, et 9 ; DUCAURROY, BONNIER et ROUSTAING, t. 2, n° 524 ; — DEMANTE, t. 3, n° 80 bis, 1 ; — MERLIN, *Rép.* v° *Réserve*, sect, 4, n° 18 ; — DELVIN-

COURT. t, 2, p. 22, n° 3; — FAVARD, v° *Success.*, § 1; — GRENIER, *des Donat.*, t. 2, n° 675; — MARCADÉ, art. 761 n° 2; — RICHEFORT, t. 3, n° 423; — VAZEILLE, art. 761, n° 7 — MALPEL, n° 163; — DALLOZ, *Jur.gén.*, v° *Successions*, p. 332 n° 32; — Voy en sens contraire: — TOULLIER, t. 4, 262; — DURANTON, t. 6, 305; — BELOST-JOLIMONT, sur CHABOT obs. 2, sur l'art. 761; — FOUET de CONFLANS, art 761, 2.; — CADRÈS, n° 200; — RODIÈRE, *Revue de légist.*, t.3, p. 408; — PONT, *Revue de législ.*, 1846, 1, p. 88; — Douai, 27 février 1834, Sir., 34, 2, 177; — Cass., 21 avril 1835 Sir.; 2, 49; — Toulouse, 29 avril 1845,; Sir., 46, 2, 49; — Cass. 31 août 1847, Sir. 47, 1, 785; — Metz, 27 janvier 1853, Sir., 2, 721.).

Les quatre conditions, que nous venons d'énumérer doivent concourir: si l'une d'elles manque, l'enfant peut réclamer la totalité de la part que l'art. 757 lui assigne sauf à imputer sur cette part ce qu'il aura reçu du vivant de ses auteurs, conformément à l'art. 760.

CHAPITRE II.

Des effets de la réduction.

L'art. 761 fait naître plusieurs questions: Il s'agit de savoir, en premier lieu, comment on peut s'assurer si les biens donnés à l'enfant naturel forment réellement la moitié de la part à laquelle il aurait eu droit en vertu de l'art. 757. Si, à la mort du père, il est certain qu'il n'y a pas eu du chef de celui-ci de libéralités, soit entre vifs, soit testamentaires, la solution ne présente aucune difficulté. Mais si le père a donné ou légué une partie de ses biens, la question se complique. Devra-t-on réduire l'enfant naturel à la moitié de ses droits héréditaires *ab intestat*, ou bien seulement à la moitié de sa réserve? Devra-t-on, pour fixer ses droits, calculer ce minimum simplement à la masse des biens existants, ou l'enfant aura-t-il le droit de réunir fictivement à la masse des donations et legs faits par son père? Pour nous, la solution ne peut être douteuse Toute réclamation n'est interdite à l'enfant naturel ou à ses descendants que lorsqu'ils ont reçu la moitié *de ce qui leur est attribué par les articles précédents*. Or, les articles précédents s'occupent uniquement de leur portion héréditaire *ab intestat* sur la totalité des biens. (Art. 757 et 758.) Donc, c'est à la moitié des droits héréditaires *ab intestat* sur la totalité des biens, que la mesure est fixée. En conséquence, il faudra réunir aux biens existants et les legs et les donations ; calculer sur cette masse la quotité des biens que l'art. 707 attribue à l'enfant naturel et en prendre la moitié.

Demandons-nous, en second lieu, quelle sera la position de l'enfant naturel quand la moitié hypothétique se trouve être, à l'ouverture de la succession, la moitié réelle? Si la valeur de la donation faite à cet enfant, à titre de moitié de part, est égale, en réalité, à la moitié de la part héréditaire, toute réclamation ultérieure lui est interdite. Non-seulement le titre d'héritier, mais le titre même de successeur irrégulier ne lui appartient plus. Cette interdiction, à son défaut, frappe évidemment aussi ses enfants ou descendants légitimes, qui n'ont plus que le droit d'intenter, s'il y a lieu, une action en supplément. Mais, ne le perdons pas de vue, jusqu'au moment où il est prouvé qu'il a reçu, du vivant de son père, la moitié de ce qui lui est attribué par l'art. 757, l'enfant naturel conserve le droit de s'assurer par lui-même des ressources de la succession et de prendre les mesures conservatoires. Car, du droit que lui donne la loi de réclamer, en cas d'insuffisance de la donation, le complément de sa moitié, découle nécessairement le droit de s'ingérer dans les affaires de la succession et d'en surveiller la liquidation. Tant que le doute règne sur le montant réel de cette quotité, l'enfant naturel, pour sauvegarder ses intérêts, pourra exercer un droit de contrôle et de conservation.

La troisième question est plus délicate encore.

Quand les biens donnés à l'enfant naturel, avec déclaration de réduction, sont d'une valeur inférieure à la moitié de la part qu'il aurait prise dans la succession, que devra faire cet enfant? Il est souvent impossible de déterminer ainsi à l'avance quel sera le *quantum* de la portion afférente à l'enfant naturel, puisqu'elle dépend de l'importance des valeurs qui composeront un jour la succession, ainsi que du nombre et de la qualité des héritiers qui existeront à cette époque. Or, des erreurs d'estimation et de calcul, l'augmentation de la valeur des biens, l'acquisition des biens nouveaux par le père ou la mère, le changement dans le nombre ou la qualité de leurs héritiers présomptifs, toutes ces causes peuvent modifier notablement, dans l'intervalle de la donation à l'ouverture de la succession, la part héréditaire de l'enfant naturel. C'est pour ce motif que l'art. 761 ouvre à l'enfant naturel une action en supplément de moitié; mais il ne lui ouvre que cette action, c'est à dire qu'il lui permet de parfaire son minimum, quand il n'a pas été entièrement payé d'avance, mais non de s'autoriser de l'insuffisance de la donation paternelle, pour faire déclarer nulle la réduction dont le donateur l'a frappée et pour demander, par suite, le montant intégral de ses droits d'enfant naturel. Toutefois si la convention intervenue entre les parties n'était pas sérieuse ou présentait un caractère de disproportion énorme, il faudra rechercher si la transaction passée entre le père et l'enfant naturel, sous forme de donation, pouvait avoir une existence juridique. Dans ce cas exceptionnel, ce ne serait pas une action en supplément de moitié, ce serait une action tendant à obtenir sa part totale que l'enfant naturel aurait à exercer. Mais, en règle générale, quand cette infériorité n'est que le résultat d'une incertitude dans les calculs ou dans l'augmentation du patrimoine, il faut s'en tenir à l'art. 761, et n'accorder à l'enfant naturel que le droit de compléter son minimum.

A propos de l'action en complément de moitié, M. Demolombe enseigne ce qui suit : «Cette faculté, accordée à l'enfant naturel de demander un supplément, était nécessaire sans doute, afin d'empêcher que la donation qui lui aurait été faite, ne devînt excessivement lésive à son préjudice; mais on ne saurait se dissimuler qu'elle compromet singulièrement le succès du dessin que le législateur s'est proposé dans l'art, 761, et qui consistait précisément à épargner à la famille la présence de l'enfant naturel, et à l'éloigner des opérations de la liquidation. En effet, il est clair que l'enfant aura le droit de s'assurer que la portion qu'il a reçue, n'est pas inférieure à ce qui devait lui revenir; et à cet effet, il pourra assister à la levée des scellés, à l'inventaire et à l'estimation des biens, et non-seulement y assister, mais aussi lui-même requérir toutes ces mesures. » (Demolombe, t. 2, p. 189.

L'enfant naturel pourrait-il, lors de la donation réductive, renoncer à cette action en supplément? Nullement, l'art. 761 constitue une exception à la règle générale, qui prohibe toutes les renonciations à succession future. En conséquence, la donation qu'il autorise, ne peut être faite que dans les limites et sous les conditions qu'il détermine, et en dehors desquelles, l'exception cessant, la règle prohibitive reprendrait nécessairement son empire. Aussi l'enfant naturel ne saurait-il être admis à renoncer à réclamer le supplément pour parfaire la moitié de ce qui devrait lui revenir, si la portion qu'il a reçue, était inférieure à cette moitié. (AUBRY et RAU, t. 5, p. 111 et note 20; — DEMOLOMBE, t. 2, p. 190; — FOUET de CONFLANS, sur l'art. 761, n° 3; — POUJOL, sur l'art. 761, n° 7; — MARCADÉ, sur l'art. 761, n° 3; — Bruxelles 18 février 1813, Sir., 1813, 2, 223.)

Reste une dernière hypothèse. De même qu'il se peut que l'enfant naturel ait reçu une portion inférieure à la moitié de ce qui devait lui revenir, il peut arriver aussi, en sens inverse, que ce qu'il a reçu soit supérieur à cette moitié. Quelle que soit la cause qui rende la valeur des biens donnés supérieure à la moitié de sa part héréditaire, l'enfant naturel n'est jamais tenu en vertu de la donation réductive à restituer l'excédant. Il faudrait pour cela que le droit de demander cette restitution pût se trouver dans la loi; or, l'art. 761 se borne à interdire à l'enfant naturel de demander plus que sa moitié; en d'autres termes il ne donne aux intéressés qu'une exception et non une action. Cet excédant ne peut, du reste, jamais être excessif; car si les héritiers légitimes ne sont pas admis à invoquer l'art. 761 pour demander une restitution, ils peuvent toujours, dans le cas où l'émolument de l'enfant naturel dépasserait non la moitié, mais la totalité de la part héréditaire fixée par l'art. 757, se fonder sur les dispositions de l'art. 908 pour le réduire à cette part et en faire restituer l'excédant à la masse. Remarquons en outre, avec M. DEMOLOMBE, que si le père ou la mère a, dans l'acte de donation, exprimé la volonté que l'enfant n'eût, en aucun cas, ni plus ni moins que la moitié, celui-ci serait obligé de restituer ce qu'il aurait reçu en trop. (DEMOLOMBE, t. 2, p. 191.) De ce qui précède, il est facile de se rendre compte de la compensation qui ressort pour l'enfant naturel. S'il perd une partie de sa part héréditaire, il a, en revanche, le droit de s'en tenir, dans le cas où le patrimoine aurait éprouvé des pertes, aux biens à lui donnés à titre de moitié hypothétique de sa part héréditaire, sans que les héritiers légitimes puissent venir le réduire, hors le cas d'infraction à l'art. 908, à la moitié réelle de cette part.

Remarquons, en terminant, que si l'enfant naturel peut encore être réduit indirectement comme l'enfant légitime, par l'effet des libéralités, jusqu'à la limite de la quotité disponible, mais seulement jusqu'à cette limite, rien n'autorise à penser que la loi ait permis à ses père ou mère d'employer simultanément contre lui les deux modes de réduction.

CHAPITRE III.

Des causes de caducité de la réduction.

Dans quels cas la réduction devient-elle caduque? La réduction n'est qu'une clause de la donation; doit-elle toujours en suivre le sort, ou, en d'autres termes les trois cas de révocation prévus par la loi doivent-ils lui être appliqués? En outre, la réduction étant une protection destinée à couvrir la famille légitime, doit-elle s'évanouir, quand il ne se trouve aucun héritier soit *ab intestat*, soit testamentaire, ayant qualité pour l'opposer? Ce sont là des difficultés qu'il nous faut examiner très-rapidement.

Et d'abord peut-on appliquer à la réduction les trois cas de révocation prévus par les art. 953 et suivants?

Dans deux d'entre eux la révocation n'a lieu que quand elle est demandée judiciairement par le donateur; celui-ci, soit que le donataire n'ait pas exécuté les conditions de la donation, soit qu'il se soit rendu coupable d'ingratitude envers lui, peut à sa guise exercer ou abandonner son action en révocation et même la laisser s'éteindre comme il arrive en cas d'ingratitude après le délai d'un an. Si sur la demande du donateur la révocation est prononcée, la réduction qui accompagnait la donation s'évanouit, et si d'ailleurs les faits d'ingratitude, par exemple, ne constituent pas en même temps un motif d'indignité à succéder, l'enfant naturel rentre dans la plénitude de ses droits successifs. Il est inutile d'ajouter que l'enfant ne peut jamais se prévaloir de son ingratitude ou de sa propre inexactitude à remplir les conditions de la donation pour en demander lui-même la révocation.

La donation réductive pourra-t-elle être révoquée pour cause de survenance d'enfant? Non, nous ne le pensons pas. Cette solution est facile à justifier. Écoutons encore, à ce sujet, MM. Aubry et Rau: «Comme l'enfant naturel a sur la succession de ses père ou mère des droits que la survenance d'un enfant légitime ne fait pas évanouir d'une manière absolue, et que, d'un autre côté, il ne peut rien recevoir au delà de la portion de biens que la loi lui assigne, les libéralités faites en sa faveur par son père ou sa mère portent essentiellement le caractère de donations en avancement d'hoirie, et ne lèsent, par conséquent, pas les intérêts des enfants légitimes. Par cela même ces libéralités échappent à l'application de l'art. 960, qui ne concerne évidemment que les donations par lesquelles le donateur s'est imprudemment, et dans la persuasion erronée qu'il n'aurait pas d'enfants, dépouillé d'une partie de ses biens au préjudice des enfants qui lui sont survenus. D'ailleurs, les donations que les pères et mères d'enfants naturels font à ces enfants, ont le plus souvent pour objet de leur procurer un établissement par mariage ou autrement, et ne constituent ainsi, à vrai dire, que l'acquittement d'une obligation naturelle. Sous cet aspect encore, elles ne tombent pas sous le coup de la révocation établie par l'art. 960.» AUBRY et RAU, t. 6, p. 120, note 18. — Comp. TROPLONG, t. 3, 1380. — Paris, 29 décembre 1843, Sir, 44, 2, 49. — Cass. 10 juillet 1844, Sir., 44, 1, 506.)

En résumé, la donation réductive pourra être révoquée pour cause d'inexécution des charges imposées au donataire, et, en second lieu, pour cause d'ingratitude; mais elle ne pourra jamais être révoquée pour cause de survenance d'enfant.

Cela posé, recherchons si la réduction devient caduque, quand il ne se trouve aucun héritier, soit *ab intestat*, soit testamentaire, ayant qualité pour l'opposer. Toute la difficulté repose dans la question suivante :

La réduction des enfants naturels n'a-t-elle été autorisée par l'art. 761 que dans l'intérêt de la famille, et ne doit-elle, en conséquence, pouvoir profiter qu'à elle; ou bien, au contraire, peut elle encore être invoquée, pour réduire les droits de l'enfant, par le conjoint survivant et par l'État? Cette thèse est fort controversée. Nous croyons, pour notre part, que la réduction peut profiter non-seulement aux héritiers légitimes, mais encore au conjoint survivant et même à l'État. Voici les motifs qui nous ont décidé à adopter cette opinion. D'après l'art. 761, l'enfant naturel peut être réduit à la moitié de ce qui lui est attribué *par les articles précédents;* or, ce renvoi s'applique à l'art. 758 qui s'occupe de l'hypothèse où les père et mère ne laissent pas de parents au degré successible, comme aux art. 757 et 759, qui s'occupent de l'hypothèse où il en existe; donc, l'enfant naturel peut être réduit, lors même qu'il n'y a pas de parents au degré successible et lorsque la succession est dévolue soit au conjoint survivant, soit à l'État.

Cette opinion peut paraître dure; nous y apportons certains tempéraments. Pour que la réduction puisse produire cet effet, il faut que tel ait été, en réalité, l'intention de l'auteur de la disposition emportant réduction. De là, plusieurs distinctions. Si, par exemple, il existait au moment de la disposition une famille légitime, on devra présumer, en général, que la réduction n'a eu lieu que dans son intérêt, et s'il arrivait qu'il n'existât pas, à l'époque du décès, de parents au degré successible, mais seulement des successeurs irréguliers, ces événements imprévus n'autoriseraient pas ceux ci à invoquer l'art. 761 contre l'enfant naturel, qui pourrait, au contraire, réclamer alors toute la succession, aux termes de l'art. 758. Mais si le père, en l'absence de parents légitimes, réduit son enfant naturel, que devra-t-on décider alors? Devant une déclaration expresse de volonté, il est certain qu'il faudra faire profiter l'État de la réduction qui a été opérée. (DEMANTE, t. III, n° 80 bis, 4; — BELOST-JOLIMONT sur CHABOT, art. 761, observ. 3.—Voy. en sens contraire: DEMOLOMBE, t. II, p. 196; — MARCADÉ, art. 761, n° 4; — VAZEILLE, art. 761, n° 12; — TAULIER, t. III, p. 194, — DUCAURROY, BONNIER et ROUSTAING, t. II, p. 283.)

DEUXIÈME SUBDIVISION.

DE LA RÉSERVE DE L'ENFANT NATUREL.

CHAPITRE I.

De l'existence d'un droit de réserve au profit de l'enfant naturel et des actions qui résultent de ce droit.

L'enfant naturel a-t-il droit à une réserve? Sur cette importante question nous sommes obligé de regretter le silence de la loi et de signaler son imperfection. La loi est muette, elle laisse le champ libre aux interprètes et ils en ont singulièrement profité.

Les auteurs sont partagés, quoique la jurisprudence ne le soit plus. M. CHABOT, avec la force de raisonnement et la facilité d'exposition qu'il possède, soutient que l'enfant n'a droit à aucune réserve. La loi, remarque-t-il, ne le dit pas expressément; mais on ne saurait, dans son silence, faire à l'enfant naturel une si grande faveur, enlever à ses auteurs le droit de disposer de leurs biens et jeter le trouble dans la propriété, Les art. 913 et 914, qui établissent le droit de réserve, ne s'appliquent qu'aux descendants légitimes; aucun doute ne saurait s'élever sur la rédaction de l'art. 913. L'art. 761 ne permet pas, il est vrai, aux parents de l'enfant naturel de l'écarter de leur succession en lui faisant une donation inférieure à la moitié de son droit. Mais cet article n'a trait en aucune façon à la présente question; il s'applique au cas où les auteurs de l'enfant meurent intestats, et il permet aux héritiers légitimes d'écarter celui-ci, alors qu'il a reçu certaines donations. Enfin, il est de principe que, pour avoir droit à une réserve, il faut être héritier; or, l'enfant ne l'est pas.

Assurément ces arguments sont fort sérieux; néanmoins on s'accorde pour les repousser. Dans le silence de la loi sur une question particulière, il faut décider d'après l'ensemble de ses dispositions et les intentions de ses auteurs. Or, il est certain que le législateur a voulu assurer l'existence de l'enfant naturel; que, non content de sanctionner l'obligation contractée par les parents envers leur enfant dès sa naissance, en les obligeant à l'élever et à lui fournir des aliments, il a voulu, pour ainsi dire, prolonger cette dette après leur vie; que, dans cette pensée, il a donné à l'enfant naturel un droit déterminé sur la succession de ses auteurs; que c'est là une règle d'ordre public à laquelle ils ne peuvent contrevenir; qu'à la vérité ce principe ne se trouve pas consacré part l'art. 913, mais qu'il ressort suffisamment des autres dispositions de la loi, notamment de l'art. 761, que vainement on s'efforce d'écarter; qu'en effet, en défendant aux parents d'enlever à leur enfant naturel plus de la moitié de ce que la loi lui attribue, au profit des héritiers légitimes, le législateur indique clairement qu'il ne leur permet pas, *à fortiori*, de lui enlever la totalité de ce droit au profit de personnes étrangères; que s'il en était autrement, l'enfant naturel se trouverait dans une situation pire que celle de l'enfant adultérin, qui a toujours le droit de demander des aliments aux héritiers et successeurs de ses auteurs; qu'il n'est pas nécessaire d'avoir la qualité d'héritier pour exercer un droit préférable à celui d'autrui; que si d'ailleurs l'enfant naturel n'est pas héritier, il existe entre son droit et celui d'un héritier la plus grande analogie.

La comparaison des articles 757 et 761 montre que si le droit de réserve, appliqué aux enfants naturels, ne se présenta comme un principe clair, ni sous la plume, ni même à l'esprit des rédacteurs du Code, il existait pourtant en eux à l'état de vérité vague et flottante, et cependant nécessaire, vérité plutôt sentie que comprise, mais invinciblement sous-entendue dans leur esprit. La doctrine et la jurisprudence ont fait le reste, nulle part elles n'ont dû remplir un vide plus considérable, nulle part elles n'ont mis leur empreinte d'une façon plus digne de remarque. Cette œuvre complémentaire ne fut pas une usurpation de l'équité sur la loi écrite : elle fut la conséquence irrésistible des principes reconnus, la cohésion de l'œuvre du législateur. En effet, accorder une réserve à l'enfant naturel, ce n'est pas recourir à une extension d'un droit exceptionnel, c'est faire une simple assimilation, non pas de l'enfant légitime à l'enfant naturel, mais de l'enfant naturel à lui-même.

Sur quels biens devra porter cette réserve? Plusieurs auteurs ont dit : oui, l'enfant naturel a droit à une réserve, mais il ne peut exercer ce droit qu'à l'encontre des légataires. Par respect pour la propriété, il ne peut être admis à faire réduire les donations entre vifs ; l'art. 756 ne lui accorde d'ailleurs de droit que sur les biens de ses auteurs *décédés*. Aux partisans de ce système, nous demanderons avec MM. Chabot et Toullier, dans quel article du Code existe le principe d'une telle distinction. Elle est purement arbitraire : l'enfant naturel doit ou ne doit pas avoir de réserve ; en a-t-il, il faut qu'elle soit en tout semblable à celle de l'enfant légitime, si le législateur ne l'ordonne autrement. Quant au mot *décédés* de l'art. 756, il signifie simplement que l'enfant n'a, du vivant de ses père et mère, aucun droit sur leurs biens ; en faire un argument pour la question présente, c'est lui donner un sens qu'on n'a certainement pas voulu lui attribuer.

Une autre distinction plus spécieuse est celle qui sépare les donations postérieures à la reconnaissance de l'enfant naturel de celles qui lui sont antérieures. A l'égard de celles-ci, on refuse à l'enfant le droit d'exercer son action en réduction ; la reconnaissance dont il profite ne peut en aucune façon nuire aux tiers dont le droit est acquis au moment où elle est faite ; ceux-ci n'ont pu raisonnablement prévoir un tel acte, car le mal ne se présume pas, et l'existence d'un enfant naturel est un mal ; c'est ainsi que le législateur a prononcé la nullité des donations pour cause de survenance d'un enfant légitime, parce qu'il a jugé que les donataires devaient prévoir que le donateur pourrait devenir père légitime, puisque tel est le vœu de la loi ; mais qu'il n'a pas étendu cette règle à la survenance d'enfants naturels, parce qu'il a pensé que les donataires ne pouvaient s'attendre à voir le donateur violer les lois de la morale et de la société ; par la même raison, ils ne peuvent s'attendre à voir réduire la donation au profit d'un enfant naturel qui n'est pas reconnu et qui n'existe pas pour eux ; or, il est important de tenir compte de leur intention, puisque le donateur peut avoir mis à la donation telles conditions qu'ils n'auraient pas acceptées s'ils avaient pu se croire exposés à une action en réduction.

Quoique ce système soit enseigné par les plus graves auteurs, nous croyons devoir le repousser. Il n'y a aucune analogie, en effet, à établir entre la révocation et la réduction des donations ; l'une est ordonnée dans l'intérêt de la famille légitime, dans la prévision d'un fait honorable et désiré ; mais c'est une dérogation au droit commun qui ne peut être étendue arbitrairement; l'autre, en ce qui touche du moins les enfants naturels, est fondée sur des motifs tout différents : elle a pour but d'assurer l'exécution de l'art. 756 et de donner à de pauvres enfants qui n'ont plus d'appui des moyens d'existence ; l'une s'applique à des donations antérieures à la conception de l'enfant ; c'est à dire faites à une époque où ce dernier n'avait aucun droit, et par conséquent n'est accordée qu'à ses père et mère, du chef desquels il peut seulement l'exercer ; l'autre s'applique à des donations postérieures à la conception de l'enfant; elle lui est personnellement attribuée et ne peut être exercée que par lui ; accorder l'action en révocation au père naturel, ce serait lui permettre d'enlever, par un fait illicite, le droit qu'il a conféré; tandis qu'accorder à l'enfant naturel l'action en réduction, c'est simplement l'autoriser à remplir le vœu de la loi. Mais voici la raison qui nous détermine : le droit de l'enfant naturel n'a pas sa source dans l'acte de reconnaissance; cet acte ne fait qu'en constater l'existence, il ne peut donc lui servir de point de départ. Ce qui fait naître le droit de l'enfant naturel, c'est le fait même de sa génération; et s'il ne peut être exercé qu'après la reconnaissance, il existe du moins dès que l'enfant est conçu. (Comp.: AUBRY et RAU, t. 5, p. 590 et note 9 ; — DURANTON, t. 6, 311 et 313; — MALPEL, *des successions*, n° 162; — BELOST-JOLIMONT, *sur* CHABOT, obs. 5 sur l'art. 756; — VERNET, p. 515; — VAZEILLE, t. 1, p. 93, n° 5; — Toulouse, 15 mars 1834, Sir., 34,2,537; — Cass., 16 juin 1847, Sir., 47,1,660; — Voy. en sens contraire: TROPLONG, t. 2, 932; — TOULLIER, t. 4, 263; — GRENIER, t. 2, 665; MERLIN, *Rép. v° réserve*, sect. 4, n° 9 ;— FAVARD, *Rép. v° succession*, sect. 4, § 1, n° 12; — CHABOT, sur l'art. 756, n° 20; — LOISEAU, p. 698; — RICHEFORT, *État des familles*, t. 2,348, et t. 3, 496.)

Ainsi la réserve de l'enfant naturel porte indistinctement, comme celle des enfants légitimes, sur tout le patrimoine de ses père et mère. En conséquence la masse des biens sur laquelle les calculs doivent s'opérer, se forme de tous les biens qui se trouvaient dans le patrimoine au moment du décès, et l'on y réunit fictivement tous ceux qui en seraient sortis par suite de dispositions à titre gratuit. Quand le calcul fait sur cette masse démontre que la somme de ces dispositions excède la quotité disponible, l'enfant naturel a le droit pour se remplir de sa réserve, de demander la réduction des dispositions testamentaires, et même, si celle-ci ne suffit pas, la réduction des donations. Sans ce droit de réduction, le droit de réserve n'aurait aucune sanction, aucune réalité, il serait, à la lettre, comme s'il n'était pas. Le droit de l'enfant naturel est donc protégé par les mêmes actions en réduction que celui de l'enfant légitime, c'est à dire que toute la section du Code, qui traite de la réduction des donations et legs, est applicable à l'enfant naturel.

Enfin, cette action en réduction, aussi bien que le droit de réserve même devront être donnés aux descendants légitimes de l'enfant naturel, que celui-ci soit prédécédé, ou qu'il renonce à la succession ou en soit exclu pour un motif d'indignité. Les descendants, ont, en effet, le droit de recueillir, à défaut de l'enfant naturel, tout ce que celui-ci eût pris dans la succession.

CHAPITRE II.

Quotité de ce droit de réserve.

I. *En concours avec des enfants légitimes.*

L'enfant naturel a droit à une réserve. C'est là un point, pensons-nous, qui ne souffre plus de contradiction. Comment devrons-nous calculer cette réserve? Ici se place la controverse.

Les uns prétendent, en argumentant de l'art. 761, que la réserve de l'enfant naturel doit comprendre la moitié des biens qui lui seraient échus si le défunt n'avait pas fait de dispositions à titre gratuit (*Comp. en ce sens*, DELAPORTE, sur l'art. 761; — PIGEAU, t. II, page 638). Le simple bon sens repousse une pareille opinion. Si le principe d'une quotité absolument réservée à l'enfant naturel apparaît avec un caractère de nécessité irréfragable dans les termes de l'art. 761, il n'en est pas moins vrai que l'esprit de cet article même s'oppose à ce qu'on y cherche la valeur de cette quotité. Dire: en cas de réduction expresse, le minimum sera la moitié de la part héréditaire, c'est dire: ce minimum est exceptionnel, et quand la réduction, qui en est la cause juridique, n'existe pas, la réserve doit être fixée autrement. (Cass., 26 juin 1809; Sir., 9, 1, 337. — Pau, 4 avril 1810, Sir., 10, 2, 239. — Cass., 27 avril 1830; Sir., 30, 1, 166.)

Dans un autre système on a soutenu que la réserve de l'enfant naturel était égale à sa part héréditaire. Ce système qui du reste n'a été adopté ni par les commentateurs les plus récents du Code, ni par la jurisprudence, nous semble devoir être rejeté, parce qu'il viole ouvertement la règle qui nous paraît dominer toute la matière des successions, à savoir que l'enfant doit avoir le tiers, la moitié ou les trois quarts de ce qu'il aurait eu s'il eût été légitime. Sans parler de la disproportion qu'il établirait dans le cas de concours avec des descendants légitimes, il aurait pour résultat de donner pour réserve à l'enfant naturel les trois quarts de la succession quand il est en présence de collatéraux, et la succession tout entière quand les parents légitimes font défaut. Ce système, nous le voyons, ne résiste pas à l'examen.

Nous pensons, quant à nous, que le meilleur moyen pour établir la quotité de la réserve de l'enfant naturel est celui qui consiste à fixer cette quotité par la combinaison des art. 757, 758 et 913 : en d'autres termes, à procéder, par rapport à la réserve, comme procèdent les art. 757 et 758 par rapport à la part héréditaire de l'enfant. Nous partons du principe suivant : la part revenant à l'enfant naturel dans la réserve qui lui appartiendrait s'il était légitime doit être proportionnelle à celle qui lui reviendrait, en l'absence de dispositions à titre gratuit, dans la succession tout entière. Il faut donc, pour connaître la quotité de la réserve de l'enfant naturel, dans les diverses hypothèses qui peuvent se présenter, le considérer fictivement comme légitime et, après avoir calculé le montant, de la réserve à laquelle il aurait droit dans cette supposition, lui en attribuer le tiers, la moitié, les trois quarts, ou même la totalité, selon que le défunt aura laissé, soit des enfants ou descendants légitimes, soit des ascendants, des frères ou sœurs ou descendants d'eux, soit des collatéraux plus éloignés, ou qu'il n'aura pas laissé à son décès des parents légitimes au degré successible. Telle est la règle.

Cette prémisse capitale ainsi posée, rien de plus simple, selon nous, que de maintenir ensuite la plus parfaite harmonie dans tout ce sujet ; il ne s'agit, pour cela, que de maintenir, en effet, logiquement toutes les conséquences suivantes :

Supposons l'enfant naturel en concours avec des enfants légitimes; quelle sera la quotité de ce droit de réserve. Rappelons-nous ce que nous venons de dire : la part revenant à l'enfant naturel dans la réserve qui lui appartiendrait s'il était légitime doit être proportionnelle à celle qui lui reviendrait, en l'absence de dispositions à titre gratuit, dans la succession tout entière. Or, en présence d'enfants légitimes du défunt, il prendrait dans la succession le tiers de ce qu'il aurait eu s'il avait été légitime lui-même; il prendra donc à titre de réserve le tiers de la portion qui lui eût été réservée s'il eût été légitime. Applications : un enfant naturel et un enfant légitime en concours avec un légataire universel. S'il était légitime, sa réserve serait du tiers de la succession comme enfant naturel, elle sera de $\frac{1}{9}$. Deux enfants naturels avec un enfant légitime auraient eu, supposés légitimes, une réserve de $\frac{1}{2}$; en en prenant le tiers, leur réserve sera de $\frac{1}{6}$ trois enfants naturels diront : Si nous étions légitimes, notre réserve serait des trois quarts des trois quarts, ou $\frac{9}{16}$; nous en prendrons le tiers, $\frac{3}{16}$.

Quel que soit le nombre des enfants naturels en concours avec un enfant légitime, ils ne calculeront plus leur réserve que sur les trois quarts, la quotité disponible ne pouvant pas être au-dessous du quart; dans tous les cas, ils seront tous fictivement et simultanément considérés comme autant d'enfants légitimes.

Un enfant naturel en concours avec deux enfants légitimes suit absolument la même marche. S'il était légitime, sa réserve serait du quart, elle sera donc de $\frac{1}{12}$. Dans cette même hypothèse, deux enfants naturels, diront : Si nous étions légitimes, la réserve totale, qui est des trois quarts de la succession, se partagerait en quatre parties, et nous en prendrions deux, c'est-à-dire $\frac{2}{4 \times 2}$ ou $\frac{3}{8}$; notre réserve véritable est du tiers de ce chiffre, c'est-à-dire de $\frac{1}{8}$. Le même procédé donnera à trois enfants naturels en présence de deux enfants légitimes, $\frac{3}{20}$, à quatre $\frac{1}{6}$, à cinq $\frac{5}{28}$, à six $\frac{3}{16}$, etc. S'il y avait trois enfants légitimes et au-delà, l'opération se fait toujours d'après les mêmes règles.

2° En concours avec des ascendants ou des frères et sœurs.

L'enfant naturel en concours avec des ascendants ou des frères et sœurs et un légataire, doit prendre la moitié de la réserve qu'il prendrait s'il était légitime, le quart par conséquent de la succession.

Il est opportun de faire observer que, pour déterminer la quotité de la réserve qui revient à l'enfant naturel, il faut toujours avoir égard à la qualité des parents existants au moment du décès du défunt, et faire abstraction de la question de savoir si ces parents viennent ou non à la succession. Ainsi, par exemple, lorsque le défunt ayant laissé des frères et sœurs, a institué un légataire universel par lequel ces derniers se trouvent exclus, la réserve de l'enfant naturel n'est toujours que du quart et non de la moitié. Nous appliquerions le même principe au cas où les parents existants au moment du décès auraient renoncé à la succession, ou en auraient été exclus pour cause d'indignité.

En effet le législateur a entendu régler, d'après la qualité des parents appelés à la succession au moment même du décès, tout ce qui concerne l'existence, la nature et le montant de la réserve. C'est là un point qui ressort manifestement du contexte des dispositions de la loi et de l'esprit qui les a dictées. Car, il faut le reconnaître, l'art. 913 ne demande pas, pour que les parents soient comptés, qu'ils se portent tous héritiers et qu'ils soient de fait admis à la succession. On ne pourrait donc exiger cette condition sans ajouter à la disposition de la loi, et il est d'autant moins permis de le faire que les renonçants et les indignes sont, jusqu'au moment de leur renonciation ou de leur exclusion, saisis de l'hérédité. (AUBRY ET RAU, t. 5, p. 553 note 5, et page 589, note 6 ; — GRENIER, t. 2, 667 et 668 ; — TOULLIER, t. 4, 266 ; — MALPEL sur l'art. 757; — TROPLONG, t. 2, 775 ;— BELOST-JOLIMONT, sur CHABOT, obs. 8, sur l'art. 756 ; — Nancy, 25 août 1831, Sir., 31, 2, 343 ; — Cass., 15 mars 1847, Sir., 47, 1, 178 ; — Voy. en sens contraire : CHABOT, sur l'art. 756, n° 29 ; — DURANTON, t. 6, 285 ; Toulouse, 8 juin 1839, Sir., 39, 2, 358,)

Nous venons d'établir que l'enfant naturel en présence d'ascendants ou de frères et sœurs et de descendants d'eux, prend comme réserve la moitié de la réserve qu'il prendrait s'il était légitime. Mais par qui faire supporter la réserve de l'enfant naturel ? Par les autres héritiers réservataires, par les légataires ou donataires, ou par eux tous réunis ? En d'autres termes, la réserve de l'enfant naturel doit-elle être prise sur le disponible, ou sur l'indisponible, ou sur tous les deux, et dans quelle proportion ?

Constatons d'abord que, lorsque l'enfant naturel se trouve en concours avec trois enfants légitimes, ou un plus grand nombre, sa réserve sera prise sur celle de ses frères légitimes, car leur père commun doit avoir, dans tous les cas, la libre disposition du quart de ses biens. Il en serait de même s'il y avait plusieurs enfants naturels. (AUBRY et RAU, t. 5, p. 593, note 15. —

CHABOT, art. 756. — DURANTON, t. 6, n° 316. — MARCADÉ, art. 916. — VERNET, p. 527. — TOULLIER, t. 4, n° 265. — GRENIER, t. 2, 670. — Voy. en sens contraire. — TROPLONG, t. 2, 779. — BELOST-JOLIMONT, sur CHABOT, obs. 7, sur l'art 756).

Si l'enfant naturel se trouve avec un où deux frères légitimes, nous croyons que sa réserve devra porter en même temps sur le disponible et sur l'indisponible; car, à notre avis, la présence de l'enfant naturel doit, sauf la question de quotité, produire les mêmes effets que la présence d'un enfant légitime. Que se passerait-il s'il était légitime? Que la quotité disponible se réduirait du tiers au quart, et que la réserve des deux autres enfants subirait la même réduction. «L'esprit de l'art. 913, dit M. VERNET, quand il n'y a pas trois enfants légitimes, est de permettre au père d'attribuer à la personne qu'il veut avantager autant qu'à l'un de ses enfants; de telle sorte que l'existence d'un second ou d'un troisième enfant légitime a pour effet de diminuer tout à la fois, et dans la même proportion, les parts des réservataires et la quotité disponible. Il faudra donc de toute nécessité, lorsqu'au lieu de la présence d'un nouvel enfant légitime, nous aurons un ou plusieurs enfants naturels, faire supporter la réserve de ces enfants naturels proportionnellement par les autres réservataires et par les donataires et légataires.» (VERNET, p. 530; AUBRY et RAU, t. 5, p. 592 et note 14.)

Si maintenant nous supposons l'enfant naturel en concours avec des ascendants, nous distinguerons le cas où il existe des ascendants dans les deux lignes, et celui-ci où il n'y en a que dans l'une d'elles.

La réserve de l'enfant naturel devra être supportée

en entier par les ascendants, s'il en existe dans les deux lignes, car si l'enfant eût été légitime, les ascendants n'eussent pu prétendre à aucune réserve. Il en résulte que la présence d'un enfant naturel, doit faire disparaître partiellement, jusqu'à concurrence de la sienne, la réserve des ascendants de son auteur, puisque, s'il eût été légitime, ces ascendants n'eussent eu droit à aucune réserve. Ici nous ne sommes, et nous l'avouons en toute humilité, que les simples interprètes du sentiment de MM. Aubry et Rau : «Quant, à notre opinion, elle se justifie par les motifs suivants : Lorsque le défunt n'a laissé qu'un enfant légitime et point d'enfant naturel, la quotité disponible est de moitié. Il en serait ainsi dans le cas même où il existerait des ascendants, puisque ceux-ci se trouveraient, par la présence d'un enfant légitime, exclus de toute participation à la réserve. Si la circonstance que le défunt, au lieu d'un enfant légitime, n'a laissé qu'un enfant naturel, donne aux ascendants le droit de réclamer une réserve, ils ne peuvent cependant la faire valoir que jusques à concurrence de l'excédant de la réserve d'un enfant légitime sur celle d'un enfant naturel. En leur attribuant une réserve plus étendue, on se mettrait en opposition avec l'esprit de la loi. En effet, la réserve des ascendants n'est que subsidiaire ; elle disparaît complètement, lorsqu'il existe un enfant légitime, et par conséquent elle doit, en cas d'existence d'un enfant naturel, disparaître partiellement jusques à concurrence de la portion revenant à ce dernier, puisque sa réserve est d'une nature analogue à celle de l'enfant légitime, et n'en diffère que par la quotité.» (Aubry et Rau, t. 5, p. 594, note 16.

Lorsqu'il n'y a d'ascendants que dans une ligne, moitié de la réserve de l'enfant naturel doit porter sur la réserve afférente aux ascendants, et moitié sur le disponible, car on doit considérer la réserve de l'enfant naturel comme portant pour moitié sur la part afférente à la ligne maternelle, et pour moitié sur celle afférente à la ligne paternelle.

Quand l'enfant naturel ne se trouve en présence d'aucun réservataire, sa réserve porte sur le disponible. (VERNET, p. 531-532).

Dans un autre système considérant la réserve de l'enfant naturel comme une dette de la succession, on la prélève sur la masse héréditaire, qu'on partage ensuite entre les héritiers et les légataires universels, la faisant ainsi supporter aux uns et aux autres.

Ce système doit être rejeté, parce qu'il est inexact d'assimiler la réserve à une dette. Les dettes ne modifient jamais la proportion qui existe entre la quotité disponible et les parts des réservataires, tandis que la présence d'un réservataire de plus, si l'on se trouve dans un de ces cas où la quotité disponible ne peut pas varier, aura nécessairement pour conséquence de diminuer les seules parts des réservataires, et, par suite, de changer la proportion qui aurait existé entre ces parts et la quotité disponible. Or, nous avons vu que l'enfant naturel est un réservataire ; par sa présence, il bouleverse la proportion qui se serait produite entre les parts des réservataires et la quotité disponible, s'il n'eût pas existé ; donc, sa réserve ne peut pas être considérée comme une dette héréditaire. (AUBRY et RAU, t. 5, p. 594, note 16. — VERNET, p. 527-529. — Voy. en sens contraire. — TROPLONG, t. 2, 777. — CHABOT, sur l'art. 756, n° 27. — GRENIER, t. 2, 669. — DURANTON, t. 6, 319. — TOULLIER, t. 4, 266. — BELOST-JOLIMONT, sur CHABOT, obs. 7, sur l'art. 756. — Amiens, 23 décembre 1854, Sir., 54, 2, 289.)

Le même mode d'imputation doit être suivi lorsqu'il existe plusieurs enfants naturels.

Quand l'enfant naturel est en concours avec des frères et sœurs ou des descendants d'eux, le calcul ne présente aucune difficulté. Comme ces héritiers n'ont droit à aucune réserve, la succession se partage tout entière entre l'enfant naturel et le légataire, conformément à l'art. 913 combiné avec l'art. 757. S'il n'y a qu'un enfant naturel, il prend la moitié de la moitié, c'est à dire $\frac{1}{4}$; s'il y en a deux, ils prennent la moitié de deux tiers, c'est à dire $\frac{1}{3}$; s'il y en a trois ou d'avantage, ils prennent la moitié de $\frac{3}{4}$ ou $\frac{3}{8}$. Les frères sont exclus et le reste forme la quotité disponible.

Quand l'enfant naturel concourt à la fois avec des ascendants et des frères ou sœurs, sa réserve se calcule de la même manière. Seuls les père et mère du défunt peuvent, en présence de frères ou sœurs, se prévaloir de la qualité de réservataires. Soit que les père ou mère aient survécu, soit qu'un seul d'eux vienne à la succession, les règles que nous avons exposées tout à l'heure sur la réserve des ascendants, sont applicables de tout point.

3° En concours avec des collatéraux autres que les frères et sœurs.

Passons au cas, où il y a concours entre l'enfant naturel, des collatéraux autres que des frères et sœurs, et un légataire. Quelle sera la réserve de l'enfant naturel ? Dans cette hypothèse, sa réserve est des trois quarts de celle qu'il aurait, s'il était légitime. C'est donc sur les trois quarts qu'il faut calculer cette réserve.

Applications : — Elle est de $\frac{3}{4 \times 2}$ ou de $\frac{3}{8}$; quand il n'y a qu'un enfant naturel ; de $\frac{3 \times 2}{4 \times 3}$ ou $\frac{1}{2}$ quand il y en a deux ; de $\frac{3 \times 3}{4 \times 4}$ enfin ou $\frac{9}{16}$ quand il y en a trois ou un plus grand nombre.

Mais dira-t-on peut-être, les collatéraux de cette classe, pas plus que les frères et sœurs du défunt n'ont la qualité de réservataires. Or, ces deux classes d'héritiers se trouvant absolument exclus de toute participation à la réserve, n'ont aucun intérêt à ce que l'enfant naturel subisse la restriction légale édictée par l'art. 757 ; or, cette restriction a pour but unique de favoriser les héritiers légitimes, on en conclut que quand ces héritiers n'ont aucun droit à exercer, l'enfant naturel prend la même portion que s'il était légitime. Plusieurs auteurs, un arrêt même (Toulouse, 8 juin 1839) ont adopté cette manière de voir. Malgré l'imposante autorité de ces suffrages, nous ne saurions admettre cette doctrine ; et nous croyons pouvoir démontrer qu'elle est contraire au texte même de la loi, et aux principes les plus certains du droit civil.

La loi d'abord paraît trop stricte pour permettre cette extension : « L'enfant naturel a droit à la totalité des biens (à la moitié, par conséquent, en matière de réserve) quand ses père ou mère ne laissent pas de parents au degré successible. » Voilà une première considération ! Nous sommes d'ailleurs ici dans une question de réserve. Le droit de tester, ce complément suprême du droit de propriété, n'a été restreint par la loi qu'avec circonspection; le droit de réserve qui le limite doit être interprété leplus strictement possible. Les collatéraux, nous le voulons bien, n'auront pas d'intérêt à réduire l'enfant naturel; mais le testateur, comme tel, en a un très-grand, le désir de voir respecter ses dernières volontés dans la plus large mesure possible. Si l'enfant naturel représente, à défaut d'autre, les droits de la famille, le légataire représente le droit de tester, et peut, par conséquent, s'appuyer sur l'existence de parents même non héritiers pour augmenter l'étendue de ses droits. Cet argument acquiert encore plus de force quand le légataire, comme il arrive fréquemment, est précisément un de ces collatéraux.

Bref, l'enfant naturel n'est pas affranchi des restriction qu'apporte à ses droits l'art. 757, par le seul fait que les collatéraux n'ayant pas de réserve à exercer, ne sont pas appelés à profiter de cette restriction.

4° A défaut de parents au degré successible.

Lorsqu'il n'existe pas de parents au degré successible, l'enfant naturel, au point de vue de la quotité, est à considérer absolument comme un enfant légitime. En pareil cas, sa réserve ne diffère pas de la réserve de l'enfant légitime. En conséquence, un enfant naturel aura pour réserve $\frac{1}{2}$, deux enfants naturels $\frac{2}{3}$, trois enfants naturels ou un plus grand nombre $\frac{3}{4}$.

TABLEAU PROPORTIONNEL
DES DROITS DES ENFANTS NATURELS EN CONCOURS AVEC DES ENFANTS LÉGITIMES.

QUOTITÉ DES DROITS SUCCESSIFS DES ENFANTS NATURELS.

Nombre des enfants naturels.	Nombre des enfants légitimes.	Quotité.	Nombre des enfants légitimes.	Quotité.	Nombre des enfants légitimes.	Quotité.	Nombre des enfants légitimes.	Quotité.	Nombre des enfants légitimes.	Quotité.	Nombre des enfants légitimes.	Quotité.
1	Avec un enfant légitime.	1/6	Avec deux enfants légitimes.	1/9	Avec trois enfants légitimes.	1/12	Avec quatre enfants légitimes.	1/15	Avec cinq enfants légitimes.	1/18	Avec six enfants légitimes.	1/21.
2		2/9		1/6		2/15		1/9		2/21		1/12
3		1/4		1/5		1/6		1/7		1/8		1/9
4		4/15		2/9		4/21		1/6		4/27		2/15
5		5/18		5/21		5/24		5/27		1/6		5/33
6		2/7		1/4		2/9		1/5		2/11		1/6

TABLEAU PROPORTIONNEL
DES ENFANTS NATURELS EN CONCOURS AVEC DES ENFANTS LÉGITIMES ET UN LÉGATAIRE UNIVERSEL.

RÉSERVE DES ENFANTS NATURELS.

Nombre des enfants naturels.	Nombre des enfants légitimes.	Quotité.	Nombre des enfants légitimes.	Quotité.	Nombre des enfants légitimes.	Quotité.	Nombre des enfants légitimes.	Quotité.	Nombre des enfants légitimes.	Quotité.	Nombre des enfants légitimes.	Quotité.
1	Avec un enfant légitime.	$\frac{1}{9}$	Avec deux enfants légitimes.	$\frac{1}{12}$	Avec trois enfants légitimes.	$\frac{1}{16}$	Avec quatre enfants légitimes.	$\frac{1}{20}$	Avec cinq enfants légitimes.	$\frac{1}{24}$	Avec six enfants légimties.	$\frac{1}{28}$
2		$\frac{1}{6}$		$\frac{1}{8}$		$\frac{1}{10}$		$\frac{1}{12}$		$\frac{1}{14}$		$\frac{1}{16}$
3		$\frac{3}{16}$		$\frac{3}{20}$		$\frac{1}{8}$		$\frac{3}{28}$		$\frac{3}{32}$		$\frac{1}{12}$
4		$\frac{1}{5}$		$\frac{1}{6}$		$\frac{1}{7}$		$\frac{1}{8}$		$\frac{1}{9}$		$\frac{1}{10}$
5		$\frac{5}{24}$		$\frac{5}{28}$		$\frac{5}{32}$		$\frac{5}{36}$		$\frac{1}{8}$		$\frac{5}{44}$
6		$\frac{3}{14}$		$\frac{3}{16}$		$\frac{1}{6}$		$\frac{3}{20}$		$\frac{3}{22}$		$\frac{1}{8}$

CONCLUSION.

Résumons-nous et concluons.

Le caractère juridique de l'héritier légitime se sépare nettement dans notre législation de celui du successeur irrégulier. L'héritier est le représentant même du défunt; le patrimoine avec tous ses droits et aussi avec toutes ses charges est venu, au moment de la mort, s'incorporer en lui; la mort l'a saisi, l'a investi de sa personne juridique, et non-seulement la propriété de tous ses biens, mais la possession, ce fait si proche du droit, se continuent sans interruption du mort au vivant. Or, telle n'est pas la puissance du droit accordé au successeur irrégulier. L'inégalité des parts héréditaires n'a pas paru suffisante pour assurer la distinction de l'enfant légitime et de l'enfant naturel, le législateur a cru devoir, en outre, différencier au préjudice de celui-ci, je ne dis pas précisement la nature, mais quelques-uns des caractères de son droit successif. Cette différence existe: l'enfant naturel ne représente pas son père, il hérite bien du droit de réclamer la possession, mais non pas de la possession; s'il est héritier dans le sens le plus large du mot, il ne peut recevoir ce nom dans la langue précise et nette de la loi positive; enfin, le Code, en lui refusant le titre d'héritier dans la succession de ses père et mère, n'a fait qu'obéir au principe rigoureux de négation absolue des droits d'héritiers entre l'enfant naturel et le membre d'une famille légitime.

La règle, en effet, n'est pas cette égalité réclamée par plusieurs auteurs entre l'enfant légitime et l'enfant naturel, sauf certains avantages que le droit naturel même reconnaîtrait volontiers à la famille; la règle sous-entendue dans nos lois est l'exclusion du bâtard; et c'est exceptionnellement, irrégulièrement, pour parler son propre langage, que le Code l'admet à prendre une part diminuée dans la succession des seuls parents qu'il lui laisse, c'est à dire de ceux qui lui ont donné le jour et l'ont légalement avoué pour leur enfant. De là, pour l'enfant naturel les conséquences suivantes: Point de droits vis-à-vis du père si la filiation n'est dûment constatée; droits minimes ou nuls, si le père laisse des descendants légitimes; droits beaucoup plus étendus s'il ne laisse que des parents moins favorisés par la loi ou s'il n'en laisse pas.

Le Code, hâtons-nous de le reconnaître, en traçant une ligne de démarcation si sensible entre les enfants nés de justes noces, et les enfants nés hors mariage, n'a fait qu'obéir à un sentiment de justice. Ah! sans doute, il faut, autant que possible, réprimer les mauvais mœurs; sans doute, comme le dit Bossuet dans son sublime langage, «Punir les pères dans leurs enfants, c'est les punir dans une partie d'eux-mêmes, que la nature leur a rendue plus chère que leurs propres membres et même que leur propre vie!» Sans doute, parmi les lois essentielles, le mariage apparaît comme la plus haute et la plus inviolable! Sécurité publique, dignité de l'homme privé, quels titres sont plus larges et plus dignes du respect des hommes? Et sans parler de son influence politique, quelle triomphante apologie ne trouve-t-il pas dans le cœur de l'homme, dans sa nature la plus intime! Il donne le foyer, il fonde la famille; l'idée sérieuse et sainte qui a présidé à sa formation, se perpétue après lui, et couvre encore les enfants qui en sont issus; il assigne un but, il promet la durée; il crée ce réseau de soins réciproques, d'affections, d'intérêts communs qui se centralisent dans le père de famille et vont aboutir aux agnats; il impose de nouveaux devoirs, et la loi mystérieuse des compensations fait jaillir de ces devoirs une source de joies nouvelles, de satisfactions hautes et sérieuses. Et puisque le mariage lui donne tout, nous lui donnerons tout aussi: à lui la protection, la force, la liberté, puisque lui seul aura la vie; le caprice fera encore des hommes, la règle seule donnera des héritiers à la famille. Cette règle est éternellement vraie, éternellement féconde: le mariage est l'atelier où se forgent les grandes forces morales d'une nation.

Que l'enfant naturel ne soit pas héritier, nous en comprenons les motifs, mais quand la loi lui assigne une part réduite dans les biens, pourquoi dans certaines circonstances lui enlève-t-elle cette part? Est-il bien juste, demandons-nous le en toute sincérité, d'anéantir les droits de l'enfant naturel, alors que son père le reconnaît pendant son mariage avec une autre femme que la mère de cet enfant! Ce sacrifice fait à la famille légitime est-il bien nécessaire? Il ne faut pas, nous répondront les partisans de l'art. 337, que l'un des époux puisse changer, après son mariage, le sort de la famille légitime en y appelant des enfants naturels qui réclameraient une part dans les biens. Oui, c'est là la raison qui a fait édicter l'art. 337; on n'a pas voulu tolérer que l'un des époux vînt par la reconnaissance tardive d'un enfant dont la naissance avait été soigneusement dissimulée, porter le trouble dans la société conjugale. Mais, alors, quelle définition donnerez-vous du droit de l'enfant naturel? Ce droit n'a pas sa source dans l'acte de reconnaissance; cet acte ne fait qu'en constater l'existence, il ne peut donc lui servir de point de départ. Ce qui fait naître ce droit, c'est le fait même de sa génération, et s'il ne peut être exercé qu'après la reconnaissance, il existe du moins dès que l'enfant est conçu. Il est donc permis de regretter que le législateur, tout en protégeant la famille civile, objet constant de la sollicitude des lois, n'ait pas dans cette circonstance, pris la défense des intérêts si légitimes de l'enfant naturel. Ce sont là de simples observations qui, nous l'espérons ne choqueront personne. Où est le Code sans lacune? Quelle loi a jamais dit le dernier mot du Droit?

Ici finit ce travail, dans lequel, à défaut de talent, nous avons mis, du moins, une conviction profonde et le désir sincère de trouver la vérité. Qu'on nous permette, en terminant, de protester une dernière fois des sentiments qui n'ont cessé de nous guider. Par les nécessités de la discussion et par l'enchaînement des lois, nous avons été conduit, parfois, à réprimer toute sensibilité pour la situation, souvent pénible, des enfants naturels; qu'on veuille bien ne pas attribuer ce résultat à une dureté de cœur qui, Dieu merci! est bien loin de nos sentiments et de nos impressions les plus intimes. Mais autre chose est le devoir de justice, et autre chose est le devoir de charité; le premier est le seul dont les lois puissent faire une obligation ; le second, par cela même qu'il s'inspire à des sources plus élevées, ne peut être imposé : c'est donc l'amour du prochain, c'est dans la religion qu'il trouve à la fois son mobile et sa récompense. Le domaine de la législation doit donc être limité aux relations de justice que l'état social fait naître entre les hommes. Or que demande la loi ? Dans le doute, nous devons protection à la famille légitime, dans le doute, toute question doit être interprétée contre l'enfant naturel. *In dubio contra liberos naturales.*

THÈSES.

DROIT ROMAIN.

1° Les *liberi naturales* procurent à leur père le *jus liberorum*, le *jus capiendi ex testamento* et le *jus caduca vindicandi*.

2° Le concubinat est une cause d'affinité.

3° Sont passibles des peines d'adultère toutes les concubines qui ont gardé leur qualité de matrone (*quæ se in concubinatu dando matronæ nomen non amittebant*).

4° Le mariage est parfait (*solo consensu*).

DROIT FRANÇAIS.

1° Le père peut effacer la trace de sa faute en conférant à son enfant naturel la dignité et les droits d'enfant légitime, au moyen de la légitimation ou de l'adoption.

2° La reconnaissance est, après la conception de l'enfant naturel au profit duquel elle a lieu, permise à quelque époque que ce soit.

3° L'enfant naturel ne peut porter ni les armes ni les titres de son père.

4° La femme d'un étranger ne peut provoquer devant les tribunaux français sa séparation de corps, lors même qu'elle serait née Française, et que son mariage aurait été célébré en France.

DROIT CRIMINEL.

1° Il y a en matière criminelle une juridiction administrative.

2° Les poursuites, en matière disciplinaire, ne sont pas des poursuites criminelles.

DROIT PUBLIC.

1° L'inviolabilité de l'ambassadeur se communique aux gens de sa suite.

2° Lorsqu'un criminel s'est refugié dans l'hôtel d'un ambassadeur, l'État peut en cas de refus de l'extradition demandée, le faire enlever de fait et même de force.

Vu par le Président de l'Acte public,
Strasbourg, le 6 avril 1868.
LAMACHE.

Vu par le soussigné Doyen,
C. AUBRY.

Permis d'imprimer.
Le Recteur,
A. CHÉRUEL.

www.ingramcontent.com/pod-product-compliance
Ingram Content Group UK Ltd.
Pitfield, Milton Keynes, MK11 3LW, UK
UKHW020119200726
13856UKWH00002B/619